초등 잉글리쉬

초잉

4학년
과정

이젠영어연구소 지음

필수 영단어

이젠교육 EZEN EDUCATION

KB020721

이젠영어연구소 지음

이젠영어연구소는 교과서 개발 경험을 바탕으로 유아에서 초중고까지 학생들이 영어의 바른길을
찾아갈 수 있도록 최고의 영어 학습 콘텐츠를 개발하고자 노력하는 영어 전문 연구소입니다.

초잉 필수 영단어 2

초판 1쇄 발행 | 2023년 01월 10일

지 은 이 이젠영어연구소
펴 낸 이 임요병
펴 낸 곳 (주)이젠교육
출판등록 제 2020-000073호
주   소 서울시 영등포구 양평로 22길 21
          코오롱디지털타워 404호
전   화 (02) 324-1600
팩   스 (031) 941-9611

홈페이지 https://ezenedu.kr/
블 로 그 https://blog.naver.com/ezeneducation
네이버카페 https://cafe.naver.com/ezeneducation
인스타그램 @ezeneducation

@이젠교육
ISBN 979-11-92702-02-5
ISBN 979-11-92702-00-1 (세트)

특징 알아보기

 초등 필수 단어가 한 권에

교육부 초등 권장 단어 800개와 초등 교과서 필수 어휘 400개를 포함한
총 1,200개의 단어가 4권에 모두 담겨 있어요. (4권 X 300단어씩 학습)

 이미지와 단어가 함께 쏙쏙

2,400개가 넘는 이미지와 함께 이미지 학습법으로
단어들을 쏙쏙 암기해요.

 학습한 단어를 다양하게 체크체크

30가지 이상의 재미있는 활동으로 즐겁게 단어를 학습하고
학교 시험에 꼭 나오는 문제로 학습한 단어를 점검해요.

 의사소통 표현도 술술

배운 단어들을 바탕으로 교과서에 나오는 대화 및 표현을 학습하고
나만의 다양한 문장을 술술 말해 보아요.

 <또래퀴즈>와 함께 하하호호

<또래퀴즈 초등 영단어 1200>과 같은 단어들로 구성되어
혼자서 또는 친구들과 재미있게 복습할 수 있어요.

초잉 교재 살펴보기

학습하기 SET A, B

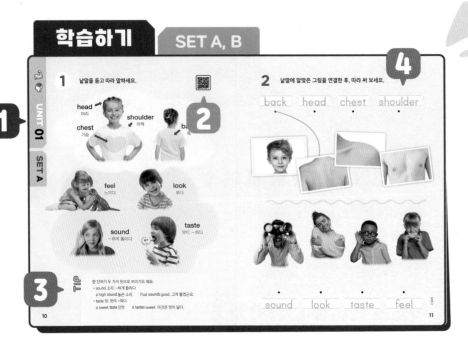

1. **Unit별 20개의 단어 학습**
2. **원어민 음원 QR 제공**
3. **단어와 관련된 파닉스, 스피킹, 영어권 국가들의 문화에 대한 정보**
4. **단어 연결하고 따라 쓰며 학습**

활동하기 ACTIVITY

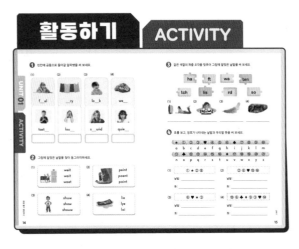

다양하고 재미있는 활동을 통해
단어 익히기

점검하기 TEST

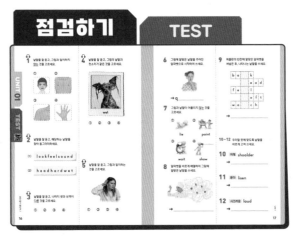

매 Unit마다 학교 시험 유형의 문제로 이루어진
TEST를 통해 학습한 단어 점검하기

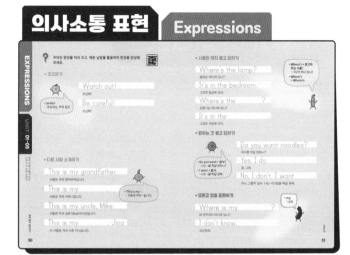

의사소통 표현 Expressions

다섯 개의 Unit마다
배운 단어가 들어 있는
교과서 속 표현 익히기

부록

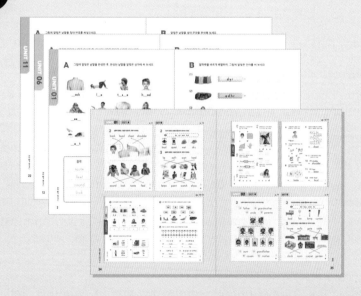

WORKBOOK

매 Unit 학습 후 WORKBOOK으로
재미있게 단어 복습하기

정답 및 해설

본책 모양의 정답 및 해설을
보면서 편리하게 확인하기

학부모와 선생님을 위한
모바일 티칭 자료

QR코드를 스캔하여 정답,
스크립트를 활용하여
편리하게 지도할 수 있어요.

이젠교육에서 제공하는
무료 부가 서비스

https://ezenedu.kr/에서
MP3, 따라쓰기 연습장, 워크시트 등을
다운로드할 수 있어요.

초잉 1~4권 어휘 리스트

4학년 과정

Unit 01	head, chest, shoulder, back, feel, look, sound, taste, listen, watch, hard, soft, dry, wet, quiet, loud, lie, paint, show, wait
Unit 02	grandfather, grandmother, father, mother, parents, uncle, aunt, cousin, bed, lamp, curtain, fan, clock, sofa, table, carpet, house, room, gate, garden
Unit 03	bedroom, bathroom, kitchen, living room, door, window, wall, floor, crazy, famous, fat, thin, busy, free, hungry, thirsty, beautiful, kind, lazy, smart
Unit 04	chopsticks, bottle, dish, glass, breakfast, lunch, dinner, snack, beef, cheese, salad, sausage, cereal, noodle, meat, rice, honey, salt, sugar, oil
Unit 05	ice, lemonade, soda, tea, bacon, jam, pie, toast, class, blackboard, desk, chair, ask, learn, know, write, crayon, eraser, scissors, textbook

Unit 06	easy, difficult, problem, answer, club, group, member, join, English, history, math, science, brown, gray, pink, gold, bench, bicycle, flower, tree
Unit 07	farm, hospital, library, museum, bridge, road, tower, town, left, right, straight, cross, artist, firefighter, pilot, police officer, ant, bee, bug, spider
Unit 08	frog, mouse, puppy, turtle, sky, cloud, rainbow, air, sea, sand, stone, island, dress, jacket, shirt, sweater, bubble, towel, soap, shampoo
Unit 09	fix, happen, hurt, save, balloon, card, present, event, movie, music, picture, cartoon, invite, bring, set, enjoy, bath, shower, wash, dry
Unit 10	give, tell, build, fall, badminton, football, golf, marathon, catch, hit, kick, pass, picnic, camp, tent, adventure, trip, map, camera, album

Unit 11	yesterday, today, tonight, tomorrow, spring, summer, fall, winter, calendar, Monday, Tuesday, Wednesday, Thursday, Friday, Saturday, Sunday, early, late, now, future
Unit 12	fruit, vegetable, meal, dessert, food, hobby, festival, nation, body, mind, face, skin, fashion, habit, job, toy, heavy, light, far, near
Unit 13	money, coin, poor, rich, angel, god, hero, monster, king, queen, prince, princess, fast, slow, alone, together, fill, hunt, miss, mix
Unit 14	need, hope, teach, think, many, much, little, double, can, may, must, will, what, who, when, where, how, why, with, about
Unit 15	on, under, over, around, and, but, or, so, time, hour, minute, noon, before, after, A.M./a.m., P.M./p.m., just, also, very, well

초잉 필수 영단어 1   3학년 과정

U 01 cat, dog, hamster, rabbit, apple, banana, lemon, orange, doll, puzzle, robot, rocket, pizza, hamburger, sandwich, doughnut, cup, fork, spoon, knife **U 02** dad, mom, brother, sister, eye, nose, ear, mouth, arm, leg, hand, foot, jeans, skirt, socks, coat, cow, horse, pig, sheep **U 03** kiwi, melon, peach, pineapple, bat, bird, chicken, duck, hat, bag, pants, shoes, candy, cookie, chocolate, gum, airplane, bike, car, train **U 04** color, paint, white, black, red, yellow, blue, green, boat, ambulance, bus, taxi, milk, water, coffee, juice, doctor, nurse, scientist, chef **U 05** bean, carrot, potato, tomato, lion, tiger, panda, zebra, cap, gloves, watch, belt, boy, girl, baby, adult, happy, sad, angry, bored **U 06** bear, elephant, giraffe, monkey, birthday, gift, cake, party, drum, guitar, piano, violin, good, bad, old, young, come, go, run, stop **U 07** box, key, mirror, umbrella, dolphin, fish, shark, crab, tall, short, strong, weak, cry, smile, love, hate, dance, draw, jump, sing **U 08** school, classroom, student, teacher, bread, butter, cream, egg, baseball, basketball, soccer, tennis, meet, swim, skate, ski, cook, eat, drink, bite **U 09** book, notebook, pen, pencil, bank, market, park, zoo, cute, pretty, ugly, handsome, see, hear, smell, touch, open, close, sleep, wake **U 10** cold, hot, cool, warm, clip, glue, paper, tape, heart, blood, bone, brain, upset, tired, surprised, worried, buy, pay, sell, wear **U 11** snow, rain, fog, wind, Earth, sun, moon, star, morning, afternoon, evening, night, want, become, dream, work, forget, remember, sit, stand **U 12** drone, game, magic, video, month, date, year, season, sport, team, ball, goal, play, try, win, lose, drive, take, turn, return **U 13** name, family, home, friend, big, little, long, short, new, small, large, nice, high, low, clean, dirty, find, fly, move, pick **U 14** I, you, he, she, we, they, this, that, up, down, in, out, help, make, put, like, say, have, read, do **U 15** a/an, the, it, them, am, are, is, not, at, by, here, there, hello/hi, goodbye, thank, welcome, okay, please, no, yes

초잉 필수 영단어 3   5학년 과정

U 01 hair, lip, neck, tooth, hold, drop, choose, act, quick, slow, wise, stupid, brave, honest, funny, shy, shocked, excited, scared, lonely **U 02** husband, wife, son, daughter, bell, fence, yard, roof, oven, bowl, pan, pot, fry, cut, boil, bake, biscuit, ice cream, marshmallow, jelly **U 03** grape, pear, strawberry, watermelon, corn, onion, garlic, broccoli, borrow, use, focus, study, sauce, steak, soup, spaghetti, homework, lesson, exam, grade **U 04** first, second, third, fourth, number, zero, hundred, thousand, restaurant, restroom, church, store, cafe, hotel, post office, apartment, truck, ship, subway, motorcycle **U 05** address, street, corner, sign, painter, singer, model, actor, snake, cheetah, fox, kangaroo, mountain, lake, beach, river, delicious, sour, sweet, salty **U 06** fever, pain, stress, headache, sick, medicine, disease, health, child, teen, gentleman, lady, person, people, man, woman, fun, worry, life, joke **U 07** simple, main, useful, thick, boots, gown, scarf, pocket, button, ribbon, ring, diamond, case, band, spray, brush, note, sketch, page, vase **U 08** break, burn, fight, kill, walk, climb, collect, exercise, rugby, swimming, ballet, volleyball, arrive, leave, visit, tour, country, culture, flag, world **U 09** day, week, weekend, holiday, across, along, beside, behind, front, back, between, inside, east, west, south, north, animal, nature, weather, plant **U 10** start, end, live, die, get, send, push, care, change, grow, copy, print, bright, dark, cheap, expensive, full, empty, true, false **U 11** clear, dead, fresh, fine, ghost, giant, dragon, witch, war, tank, terror, peace, guide, plan, stay, travel, check, carry, cover, hang **U 12** size, design, style, cost, shop, clerk, customer, sale, quiz, hint, fool, secret, song, harmony, jazz, opera, space, light, alien, planet **U 13** mail, message, letter, call, cage, tail, wing, wood, hole, piece, way, block, field, hill, ground, cave, hurry, knock, lead, pull **U 14** idea, example, topic, point, center, crowd, meeting, advice, same, different, great, wrong, computer, click, data, error, television, channel, program, radio **U 15** always, never, often, twice, thing, everything, something, nothing, for, of, from, to, Sorry., All right., Excuse me., Of course., all, only, some, another

초잉 필수 영단어 4   6학년 과정

U 01 age, kid, guy, human, finger, elbow, knee, toe, chin, cheek, voice, tongue, active, lucky, lovely, careful, glad, calm, afraid, mad **U 02** elementary school, middle school, high school, college, gallery, bakery, bookstore, gym, cinema, office, studio, airport, city, countryside, ocean, land, helicopter, yacht, cable car, jet **U 03** fire, bomb, danger, accident, fact, news, newspaper, magazine, cart, basket, elevator, escalator, captain, score, court, medal, humor, prize, gesture, contest **U 04** schedule, diary, begin, finish, advise, understand, believe, wish, agree, decide, discuss, guess, talk, control, guard, lie, fail, succeed, enter, exit **U 05** company, boss, staff, partner, business, factory, project, seminar, file, cabinet, bonus, interview, background, story, word, sentence, comedy, fantasy, horror, mystery **U 06** joy, chance, luck, memory, base, type, part, place, question, section, area, issue, diet, fat, calorie, energy, percent, graph, image, chart **U 07** comic, basic, safe, dangerous, helpful, deep, sleepy, unique, ready, certain, fantastic, important, add, divide, keep, exchange, marry, congratulate, surprise, graduate **U 08** chain, pipe, plastic, drill, brake, speed, track, engine, depth, form, length, weight, battery, heat, board, gas, bill, menu, waiter, supper **U 09** branch, leaf, seed, root, forest, grass, rock, echo, airline, ticket, passport, luggage, heaven, castle, palace, crown, battle, power, campaign, spy **U 10** ill, absent, polite, excellent, boring, perfect, friendly, exciting, favorite, special, powerful, wonderful, clever, curious, foolish, nervous, designer, musician, dentist, engineer **U 11** January, February, March, April, May, June, July, August, September, October, November, December, line, circle, triangle, square, top, bottom, middle, side **U 12** brand, clothes, cash, service, cotton, wool, silk, leather, hormone, sample, vaccine, mask, technology, Internet, virus, website, telephone, smartphone, emoticon, application **U 13** film, concert, musical, art, fiction, parade, drama, scenario, dialogue, accent, speak, introduce, alarm, carol, condition, recreation, wedding, couple, band, guest **U 14** campus, course, test, vacation, race, league, champion, sponsor, player, driver, coach, director, above, below, next to, among, any, every, last, both **U 15** ago, forever, already, ahead, almost, too, enough, aloud, once, away, yet, then, during, against, than, through, again, later, soon, deeply

차례

1일차 Unit 1 Set A / Set B 월 일	**2일차** Unit 1 Activity / Test 월 일	**3일차** Unit 2 Set A / Set B 월 일	**4일차** Unit 2 Activity / Test 월 일	**5일차** Unit 3 Set A / Set B 월 일
6일차 Unit 3 Activity / Test 월 일	**7일차** Unit 4 Set A / Set B 월 일	**8일차** Unit 4 Activity / Test 월 일	**9일차** Unit 5 Set A / Set B 월 일	**10일차** Unit 5 Activity / Test 월 일
11일차 Unit 6 Set A / Set B 월 일	**12일차** Unit 6 Activity / Test 월 일	**13일차** Unit 7 Set A / Set B 월 일	**14일차** Unit 7 Activity / Test 월 일	**15일차** Unit 8 Set A / Set B 월 일
16일차 Unit 8 Activity / Test 월 일	**17일차** Unit 9 Set A / Set B 월 일	**18일차** Unit 9 Activity / Test 월 일	**19일차** Unit 10 Set A / Set B 월 일	**20일차** Unit 10 Activity / Test 월 일
21일차 Unit 11 Set A / Set B 월 일	**22일차** Unit 11 Activity / Test 월 일	**23일차** Unit 12 Set A / Set B 월 일	**24일차** Unit 12 Activity / Test 월 일	**25일차** Unit 13 Set A / Set B 월 일
26일차 Unit 13 Activity / Test 월 일	**27일차** Unit 14 Set A / Set B 월 일	**28일차** Unit 14 Activity / Test 월 일	**29일차** Unit 15 Set A / Set B 월 일	**30일차** Unit 15 Activity / Test 월 일

1 낱말을 듣고 따라 말하세요.

head
머리

shoulder
어깨

chest
가슴

back
등

feel
느끼다

look
보다

sound
~하게 들리다

taste
맛이 ~하다

TIP

한 단어가 두 가지 뜻으로 쓰이기도 해요.
• sound 소리; ~하게 들리다
  a high **sound** 높은 소리   That **sounds** good. 그게 좋겠군요.
• taste 맛; 맛이 ~하다
  a sweet **taste** 단맛   It **tastes** sweet. 이것은 맛이 딜다.

2 낱말에 알맞은 그림을 연결한 후, 따라 써 보세요.

back   head   chest   shoulder

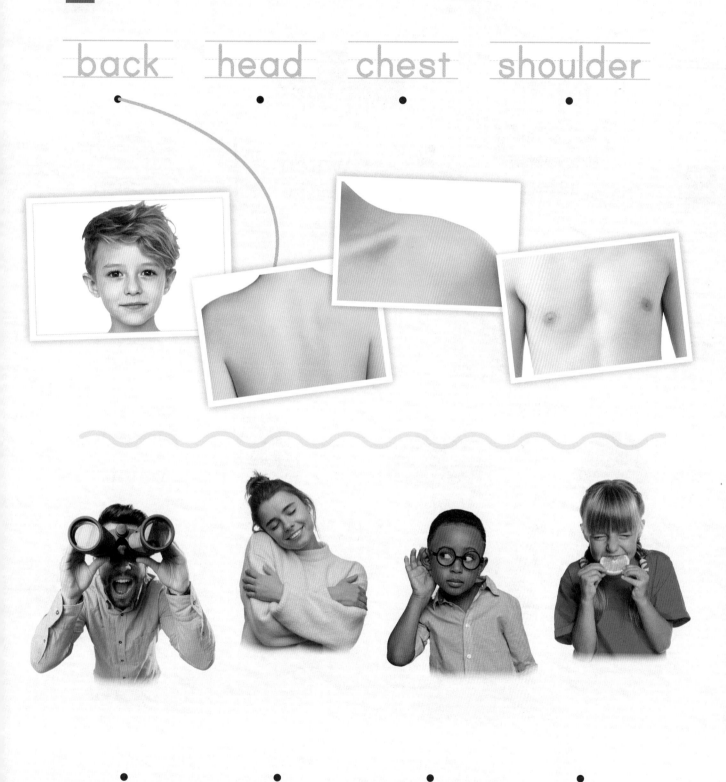

sound   look   taste   feel

1 낱말을 듣고 따라 말하세요.

listen
듣다

watch
보다

hard
단단한

soft
부드러운

dry
마른

lie
눕다

wet
젖은

paint
(물감으로) ~을 그리다

quiet
조용한

loud
시끄러운

show
보여주다

wait
기다리다

TIP

listen은 '(주의를 귀울여) 듣다'라는 뜻이고, hear는 '(들려오는 소리를) 듣다'라는 뜻으로 많이 쓰여요.

- **Listen** and repeat. 잘 듣고 따라 하세요.
- Can you **hear** me? 내 소리가 들리니?

2 그림에 알맞은 낱말을 보기 에서 찾아 써 보세요.

보기   dry   wet   quiet   loud

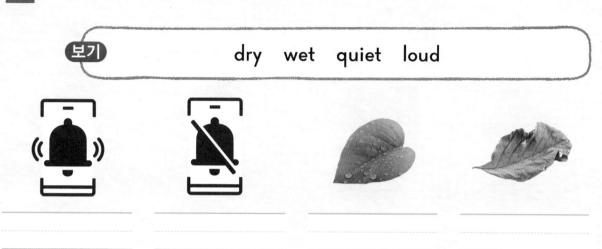

_____   _____   _____   _____

3 낱말에 알맞은 그림을 연결한 후, 따라 써 보세요.

lie   soft   wait   hard

listen   paint   watch   show

1 빈칸에 공통으로 들어갈 알파벳을 써 보세요.

(1)

f__el

tast__

(2)

__ry

lou__

(3)

lo__k

s__und

(4)

we__

quie__

2 그림에 알맞은 낱말을 찾아 동그라미하세요.

(1)

weit
wait
waet

(2)

peint
paent
paint

(3)

shuw
show
shouw

(4)

lie
lye
lai

3 같은 색깔의 퍼즐 조각을 맞추어 그림에 알맞은 낱말을 써 보세요.

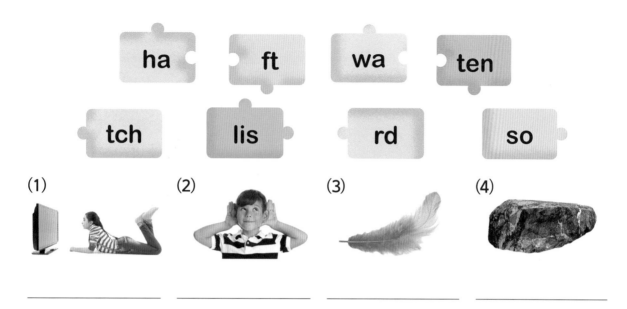

| ha | ft | wa | ten |
| tch | lis | rd | so |

(1) _____

(2) _____

(3) _____

(4) _____

4 표를 보고, 암호가 나타내는 낱말과 우리말 뜻을 써 보세요.

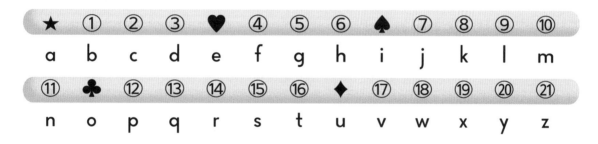

★	①	②	③	♥	④	⑤	⑥	♠	⑦	⑧	⑨	⑩
a	b	c	d	e	f	g	h	i	j	k	l	m

⑪	♣	⑫	⑬	⑭	⑮	⑯	♦	⑰	⑱	⑲	⑳	㉑
n	o	p	q	r	s	t	u	v	w	x	y	z

(1) ① ★ ② ⑧

낱말: _____

뜻: _____

(2) ② ⑥ ♥ ⑮ ⑯

낱말: _____

뜻: _____

(3) ⑥ ♥ ★ ③

낱말: _____

뜻: _____

(4) ⑮ ⑥ ♣ ♦ ⑨ ③ ♥ ⑭

낱말: _____

뜻: _____

1 낱말을 잘 듣고, 그림과 일치하지 <u>않는</u> 것을 고르세요.

①

②

③

④

2 낱말을 잘 듣고, 해당하는 낱말을 찾아 동그라미하세요.

(1) lookfeelsound

(2) headhardwet

3 낱말을 잘 듣고, 나머지 셋과 성격이 <u>다른</u> 것을 고르세요.

①   ②   ③   ④

4 낱말을 잘 듣고, 그림의 낱말과 첫소리가 같은 것을 고르세요.

wet

①   ②   ③   ④

5 낱말을 잘 듣고, 그림과 일치하는 것을 고르세요.

①   ②   ③   ④

6 그림에 알맞은 낱말을 주어진 알파벳으로 시작하여 쓰세요.

→ q_____

7 그림과 낱말이 어울리지 <u>않는</u> 것을 고르세요.

①
lie

②
paint

③
wait

④
show

8 알파벳을 바르게 배열하여 그림에 알맞은 낱말을 쓰세요.

→ _____

9 퍼즐판의 빈칸에 알맞은 알파벳을 써넣은 후, 나타나는 낱말을 쓰세요.

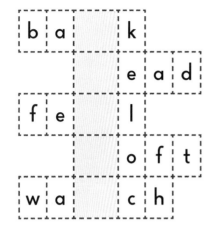

→ _____

10~12 우리말 뜻에 맞도록 낱말을 바르게 고쳐 쓰세요.

10 어깨 shoalder

→ _____

11 듣다 lisen

→ _____

12 시끄러운 laud

→ _____

1 낱말을 듣고 따라 말하세요.

grandfather
할아버지

grandmother
할머니

father
아버지

mother
어머니

parents
부모

aunt
이모, 고모

uncle
삼촌

cousin
사촌

TIP

한국에서는 친척을 부를 때 여러 호칭을 사용하지만,
영어에서는 공통으로 부르는 경우가 많아요.
삼촌, 이모부, 고모부는 'uncle', 이모, 고모, 숙모는 'aunt'라고 해요.

2 낱말에 알맞은 번호를 써넣고, 따라 써 보세요.

④ father   grandmother

uncle   parents

sister   I   brother

aunt   grandfather

cousin   mother

1 낱말을 듣고 따라 말하세요.

bed
침대

curtain
커튼

lamp
등, 램프

fan
선풍기

clock
시계

sofa
소파

house
집

room
방

table
탁자

carpet
카펫

gate
대문

garden
정원

TIP

house와 home은 우리말로 모두 '집'을 뜻하지만, house는 건물 자체를 의미하고, home은 주로 가족과 함께 사는 정서적인 공간을 의미해요.
- a big **house** 큰 주택
- the family **home** 가족이 사는 집, 가정

2 각 물건에 해당하는 낱말을 보기 에서 찾아 써 보세요.

보기   bed   lamp   curtain   fan

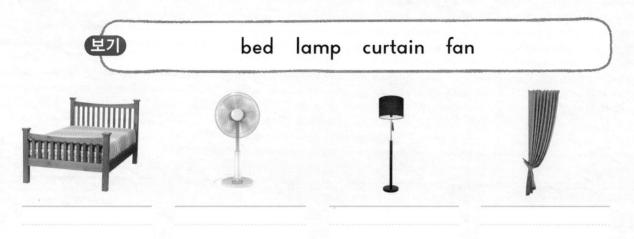

3 낱말에 알맞은 그림을 연결한 후, 따라 써 보세요.

house   sofa   gate   table
•   •   •   •

•   •   •   •
clock   room   carpet   garden

1 같은 모양을 연결하여 그림에 알맞은 낱말을 완성해 보세요.

(1)

(2)

(3)

(4)

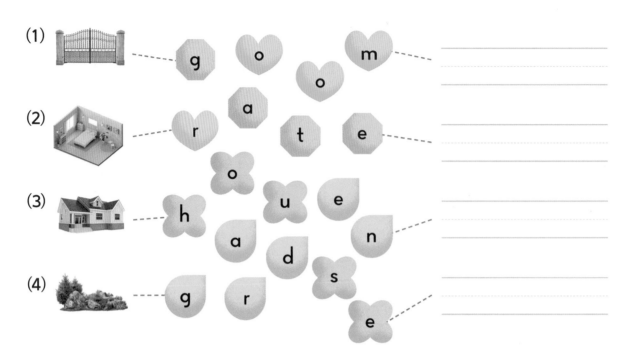

2 그림을 보고 보기 의 낱말을 알맞은 곳에 써 보세요.

보기

bed lamp curtain fan clock sofa table carpet

거실에 있는 것	거실에 없는 것
lamp	bed

❸ 가족 관계를 잘 살펴보세요. 각 번호에 알맞은 낱말을 **보기**에서 골라 뜻과 함께 써 보세요.

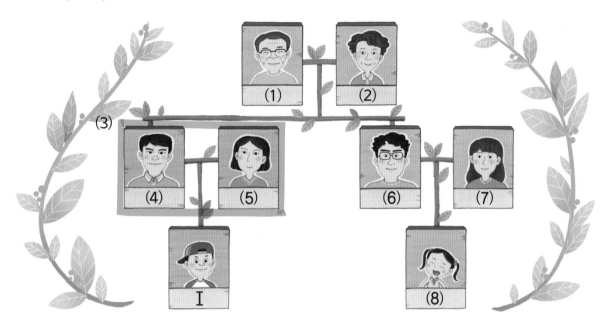

보기

father	mother	uncle	aunt	cousin
grandmother		grandfather		parents

(1) 낱말: _____

　　 뜻: _____

(2) 낱말: _____

　　 뜻: _____

(3) 낱말: _____

　　 뜻: _____

(4) 낱말: _____

　　 뜻: _____

(5) 낱말: _____

　　 뜻: _____

(6) 낱말: _____

　　 뜻: _____

(7) 낱말: _____

　　 뜻: _____

(8) 낱말: _____

　　 뜻: _____

1 낱말을 잘 듣고, 그림과 일치하지 <u>않는</u> 것을 고르세요.

①
②
③
④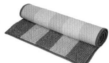

2 낱말을 잘 듣고, 해당하는 낱말을 찾아 동그라미하세요.

(1) fanfatherroom

(2) carpetbedmother

3 낱말을 잘 듣고, 나머지 셋과 성격이 <u>다른</u> 것을 고르세요.

① ② ③ ④

4 낱말을 잘 듣고, 그림의 낱말과 첫소리가 같은 것을 고르세요.

garden

① ② ③ ④

5 낱말을 잘 듣고, 그림과 일치하는 것을 고르세요.

① ② ③ ④

6~7 다음 뜻풀이에 해당하는 낱말을 주어진 알파벳으로 시작하여 쓰세요.

6 the sister of your father or mother
(아버지나 어머니의 자매)

→ a＿＿＿＿＿＿＿

7 a child of your uncle or aunt (삼촌이나 고모·이모의 자녀)

→ c＿＿＿＿＿＿＿

8 알파벳을 바르게 배열하여 그림에 알맞은 낱말을 쓰세요.

f e h r r t
n a g d a

→ ＿＿＿＿＿＿＿

9 퍼즐판의 빈칸에 알맞은 알파벳을 써넣은 후, 나타나는 낱말을 쓰세요.

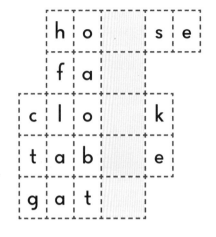

h	o		s	e
	f	a		
c	l	o		k
t	a	b		e
g	a	t		

→ ＿＿＿＿＿＿＿

10~12 우리말 뜻에 맞도록 낱말을 바르게 고쳐 쓰세요.

10 커튼 curton

→ ＿＿＿＿＿＿＿＿

11 할머니 grandmather

→ ＿＿＿＿＿＿＿＿

12 부모 perents

→ ＿＿＿＿＿＿＿＿

1 낱말을 듣고 따라 말하세요.

bathroom
욕실

bedroom
침실

kitchen
부엌, 주방

living room
거실

door
문

wall
벽

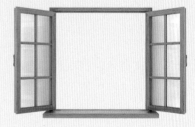

window
창문

floor
바닥

 TIP

두 낱말이 합쳐져서 한 낱말로 쓰이기도 해요.
bed(침대) + room(방) = bedroom(침실)
bath(욕조) + room(방) = bathroom(욕실)

2 낱말에 알맞은 그림을 연결한 후, 따라 써 보세요.

bathroom   wall   bedroom   window

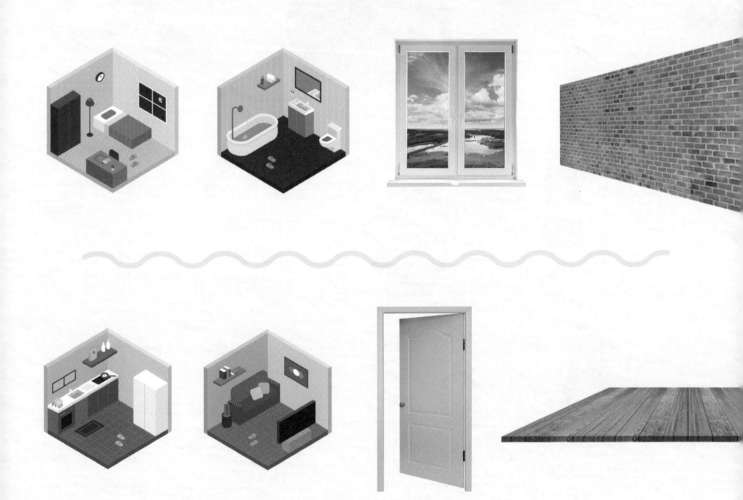

door   kitchen   floor   living room

1 낱말을 듣고 따라 말하세요.

fat
뚱뚱한, 살찐

crazy
미친, 열광하는

thin
마른

famous
유명한

busy
바쁜

free
자유로운

beautiful
아름다운

kind
친절한

hungry
배고픈

thirsty
목마른

lazy
게으른

smart
똑똑한

TIP

- free에는 '자유로운'이라는 뜻 외에 '무료의'라는 뜻도 있어요.
  free people 자유로운 사람들　　**free** gift 무료 선물, 경품
- fat(뚱뚱한)은 다른 사람에게 쓰면 예의가 없는 말이어서 overweight (몸무게가 더 나가는) 같은 낱말을 사용해야 해요.

2 그림에 알맞은 낱말을 보기에서 찾아 써 보세요.

보기   busy   free   hungry   thirsty

3 낱말에 알맞은 그림을 연결한 후, 따라 써 보세요.

kind   fat   smart   thin

crazy   lazy   famous   beautiful

1 빈칸에 알맞은 알파벳을 보기 에서 찾아 낱말을 완성하고 써 보세요.

보기

f k r s u z

(1)   ☐ind

(2)  la☐y

(3)   ☐ma☐t

(4)   bea☐ti☐ul

2 사다리를 타고 내려가 그림에 알맞은 낱말을 보기 에서 찾아 써 보세요.

보기

bedroom   bathroom   kitchen   living room

(1)   (2)   (3)   (4)

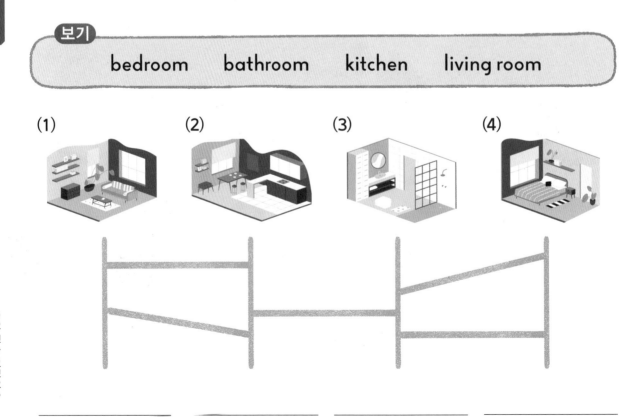

3 수수께끼의 답을 **보기** 에서 찾아 써 보세요.

보기

| wall | door | floor | window |

(1) 아침이에요. 밝은 햇살이 어디를 통해 방 안에 들어올까요? _____

(2) 집 안이 추워요. 보일러를 틀면 어디가 따뜻해질까요? _____

(3) 액자를 걸고 싶어요. 어디에 못질을 해야 할까요? _____

(4) 집에 들어가고 싶어요. 무엇을 열어야 할까요? _____

4 **보기** 의 낱말을 찾아 동그라미한 후, 그림에 알맞은 낱말을 써 보세요.

보기

| crazy | famous | fat | thin | busy | free | hungry | thirsty |

w	c	h	u	n	g	r	y
g	r	n	q	b	x	f	z
f	a	m	o	u	s	r	t
x	z	v	i	s	f	e	h
u	y	t	v	y	a	e	i
t	h	i	r	s	t	y	n

(1)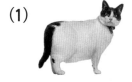

_____

(2)

_____

(3)

_____

(4)

_____

(5)

_____

(6)

_____

(7)

_____

(8)

_____

1 낱말을 잘 듣고, 그림과 일치하지 <u>않는</u> 것을 고르세요.

① 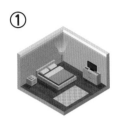 ②

③  ④

2 낱말을 잘 듣고, 해당하는 낱말을 찾아 동그라미하세요.

(1) fatfamousfree

(2) doorbusylazy

3 낱말을 잘 듣고, 나머지 셋과 성격이 <u>다른</u> 것을 고르세요.

① ② ③ ④

4 낱말을 잘 듣고, 그림의 낱말과 첫소리가 같은 것을 고르세요.

thirsty

① ② ③ ④

5 낱말을 잘 듣고, 그림과 일치하는 것을 고르세요.

① ② ③ ④

6 그림에 알맞은 낱말을 주어진 알파벳으로 시작하여 쓰세요.

→ h_____

7 짝지어진 낱말 중 서로 반대되는 말을 고르세요.

① fat – thin
② thirsty – lazy
③ busy – smart
④ crazy – famous

8 알파벳을 바르게 배열하여 그림에 알맞은 낱말을 쓰세요.

→ _____

9 퍼즐판의 빈칸에 알맞은 알파벳을 써넣은 후, 나타나는 낱말을 쓰세요.

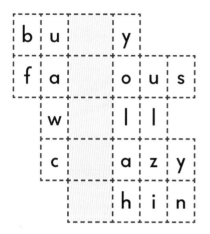

→ _____

10~12 우리말 뜻에 맞도록 낱말을 바르게 고쳐 쓰세요.

10 부엌, 주방 kitchin

→ _____

11 욕실 batsroom

→ _____

12 아름다운 beoutiful

→ _____

1 낱말을 듣고 따라 말하세요.

chopsticks
젓가락

bottle
병

dish
접시

glass
유리잔

breakfast
아침 식사

lunch
점심 식사

dinner
저녁 식사

snack
간식

TIP

두 개가 한 쌍으로 쓰이는 낱말은 끝에 -s나 -es를 붙이는 낱말이 많아요.
- chopstick**s** 젓가락
- glass 유리, (유리) 잔 → glass**es** 안경

2 낱말에 알맞은 그림을 연결한 후, 따라 써 보세요.

glass   dish   chopsticks   bottle

•   •   •   •

•   •   •   •

lunch   dinner   snack   breakfast

1 낱말을 듣고 따라 말하세요.

beef
소고기

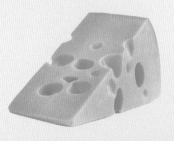

cheese
치즈

salad
샐러드

sausage
소시지

cereal
시리얼

noodle
국수

honey
꿀

salt
소금

meat
고기

rice
쌀, 밥

sugar
설탕

oil
기름

TIP

meat은 우리가 먹는 일반적인 고기를 일컫는 말이에요.
특정한 동물의 고기를 말할 때는 소고기는 beef, 돼지고기는 pork라고
해요.

2 자신이 가장 좋아하는 음식부터 순서대로 써 보세요.

| cereal | noodle | meat | rice |

_____ ▶ _____ ▶ _____ ▶ _____

3 낱말에 알맞은 그림을 연결한 후, 따라 써 보세요.

oil　　salad　　salt　　beef

cheese　honey　sausage　sugar

1 그림에 알맞은 낱말을 찾아 동그라미하고, 낱말과 우리말 뜻을 써 보세요.

susaltoynoodleheoilynuriceyn

(1)

낱말: _____

뜻: _____

(2)

낱말: _____

뜻: _____

(3)

낱말: _____

뜻: _____

(4)

낱말: _____

뜻: _____

2 그림에 알맞은 낱말의 첫 글자를 찾아 연결하고, 낱말을 완성해 보세요.

(1)

(2)

(3)

(4)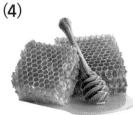

• • • •

• • • •

m   c   h   s

3 같은 색깔의 퍼즐 조각을 맞추어 그림에 알맞은 낱말을 써 보세요.

break   sna   lun   ck

din   ch   ner   fast

(1)

(2)

(3)

(4)

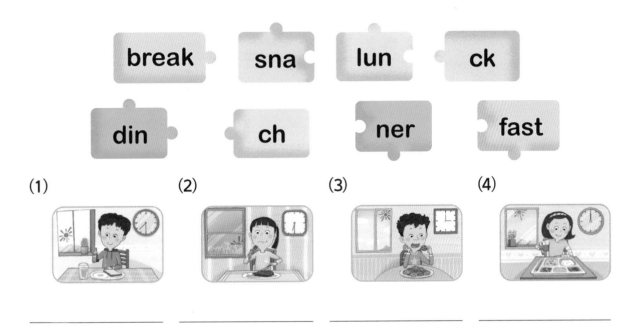

_____   _____   _____   _____

4 그림을 보고 **보기** 의 낱말을 알맞은 곳에 써 보세요.

보기

dish   glass   bottle   chopsticks   salad   beef   cheese   sausage

왼쪽 식탁

salad   _____

_____   _____

오른쪽 식탁

dish   _____

_____   _____

🎧 **1** 낱말을 잘 듣고, 그림과 일치하지 <u>않는</u> 것을 고르세요.

① ②

③ ④

🎧 **2** 낱말을 잘 듣고, 해당하는 낱말을 찾아 동그라미하세요.

(1) c e r e a l c h e e s e o i l

(2) d i s h b e e f d i n n e r

🎧 **3** 낱말을 잘 듣고, 나머지 셋과 성격이 <u>다른</u> 것을 고르세요.

①　　②　　③　　④

🎧 **4** 낱말을 잘 듣고, 그림의 낱말과 첫소리가 같은 것을 고르세요.

①　②　③　④

🎧 **5** 낱말을 잘 듣고, 그림과 일치하는 것을 고르세요.

①　②　③　④

6 그림에 알맞은 낱말을 주어진
알파벳으로 시작하여 쓰세요.

➜ n_____

7 다음 중 나머지 셋과 성격이 <u>다른</u>
낱말을 고르세요.

① oil　　② sugar

③ salt　　④ glass

8 알파벳을 바르게 배열하여 그림에
알맞은 낱말을 쓰세요.

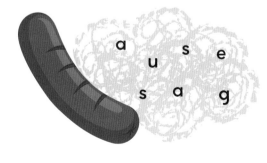

➜ _____

9 퍼즐판의 빈칸에 알맞은 알파벳을
써넣은 후, 나타나는 낱말을 쓰세요.

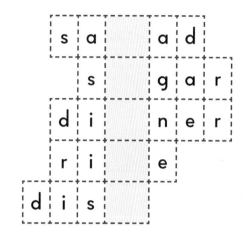

➜ _____

10~12 우리말 뜻에 맞도록 낱말을
바르게 고쳐 쓰세요.

10 젓가락　chapsticks

➜ _____

11 아침 식사　breikfast

➜ _____

12 꿀　honay

➜ _____

1 낱말을 듣고 따라 말하세요.

soda
탄산음료

ice
얼음

lemonade
레모네이드

tea
홍차, 차

bacon
베이컨

pie
파이

jam
잼

toast
토스트

TIP

베이컨(bacon)은 돼지고기를 소금에 절여 훈제한 가늘고 길쭉한 고기 조각을 말해요.

2 낱말에 알맞은 그림을 연결한 후, 따라 써 보세요.

tea   ice   soda   lemonade

pie   bacon   jam   toast

1 낱말을 듣고 따라 말하세요.

class
수업, 학급

blackboard
칠판

desk
책상

chair
의자

ask
묻다

learn
배우다

crayon
크레용

eraser
지우개

know
알다

write
쓰다

scissors
가위

textbook
교과서

TIP

know와 write에서 첫 글자인 k와 w는 소리가 나지 않아요.
know [노우]   write [롸이트]

2 그림에 알맞은 낱말을 보기 에서 찾아 써 보세요.

보기   ask   learn   know   write

_____   _____   _____   _____

_____   _____   _____   _____

_____   _____   _____   _____

3 낱말에 알맞은 그림을 연결한 후, 따라 써 보세요.

crayon   desk   scissors   textbook

•   •   •   •

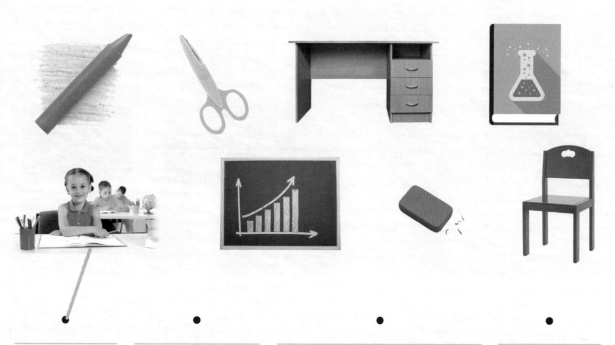

•   •   •   •

class   eraser   blackboard   chair

1 친구들에게 필요한 것을 보기 에서 찾아 써 보세요.

보기

crayon   eraser   scissors   textbook

(1) 색종이를 자르고 싶어요. _____

(2) 그림에 색칠하고 싶어요. _____

(3) 틀린 글자를 지우고 싶어요. _____

(4) 수업 시간에 배울 내용을 미리 살펴보고 싶어요. _____

2 사다리를 타고 내려가 그림에 알맞은 낱말을 완성해 보세요.

(1)   (2)   (3)   (4)

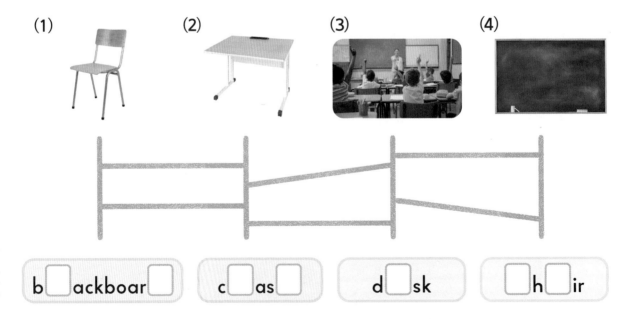

b☐ackboar☐   c☐as☐   d☐sk   ☐h☐ir

3 그림에 알맞은 낱말을 찾아 동그라미한 후, 써 보세요.

(1) b i c e y d

(2) b a m p i e

(3) k t e a u k

(4) j a m n s y

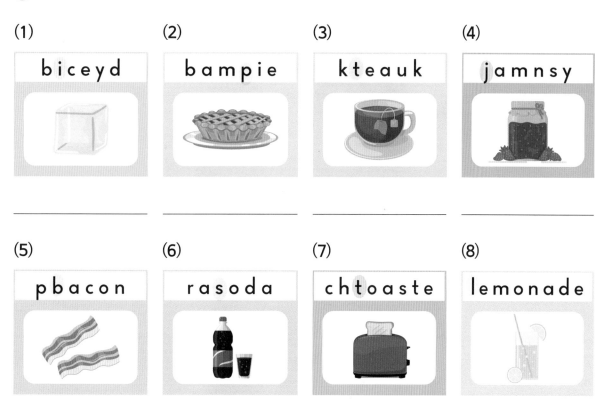

_____   _____   _____   _____

(5) p b a c o n

(6) r a s o d a

(7) c h t o a s t e

(8) l e m o n a d e

_____   _____   _____   _____

4 거울에 비친 낱말을 바르게 쓴 후, 알맞은 뜻과 연결해 보세요.

(1) ask

(2) write

(3) know

(4) learn

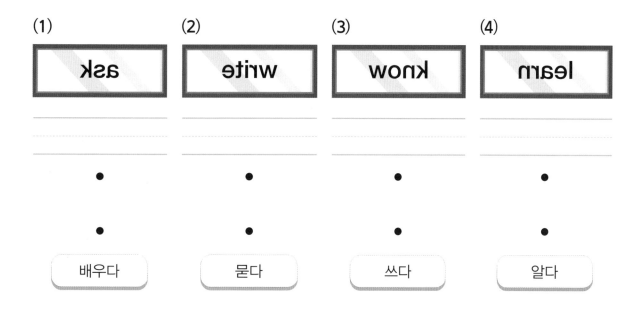

배우다   묻다   쓰다   알다

1 낱말을 잘 듣고, 그림과 일치하지 <u>않는</u> 것을 고르세요.

①  ②

③  ④

2 낱말을 잘 듣고, 해당하는 낱말을 찾아 동그라미하세요.

(1) t e x t b o o k t e a

(2) c l a s s i c e p i e

3 낱말을 잘 듣고, 나머지 셋과 성격이 <u>다른</u> 것을 고르세요.

①   ②   ③   ④

4 낱말을 잘 듣고, 그림의 낱말과 첫소리가 같은 것을 고르세요.

①   ②   ③   ④

5 낱말을 잘 듣고, 그림과 일치하는 것을 고르세요.

①   ②   ③   ④

6 그림에 알맞은 낱말을 주어진 알파벳으로 시작하여 쓰세요.

➔ c_____

7 다음 중 낱말과 우리말 뜻이 일치하지 <u>않는</u> 것을 고르세요.

① ask – 묻다
② write – 읽다
③ know – 알다
④ learn – 배우다

8 알파벳을 바르게 배열하여 그림에 알맞은 낱말을 쓰세요.

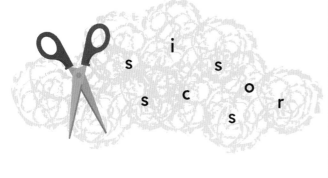

➔ _____

9 퍼즐판의 빈칸에 알맞은 알파벳을 써넣은 후, 나타나는 낱말을 쓰세요.

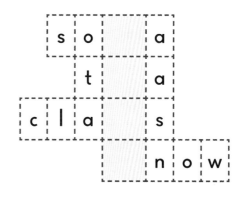

➔ _____

10~12 우리말 뜻에 맞도록 낱말을 바르게 고쳐 쓰세요.

10 레모네이드 lamonede
➔ _____

11 지우개 erazer
➔ _____

12 칠판 blackboerd
➔ _____

배운 낱말이 들어 있는
교과서 속 표현 익히기

 주어진 문장을 따라 쓰고, 배운 낱말을 활용하여 문장을 완성해
보세요.

• 경고하기

• **careful**
: 조심하는, 주의 깊은

Watch out!

조심해!

Be careful!

조심해!

• 다른 사람 소개하기

This is my grandfather.

이분은 저의 할아버지입니다.

This is my _____.

이분은 저의 어머니입니다.

• **This is my ~.**
: 이분은 저의 ~입니다.

This is my uncle, Mike.

이분은 저의 삼촌 Mike[마이크]입니다.

This is my _____, Jina.

이 사람은 저의 사촌 지나입니다.

초등 필수 영단어 2

50

• 사물의 위치 묻고 답하기

Where's the lamp?

램프는 어디에 있니?

It's in the bedroom.

그것은 침실에 있어.

Where's the _____?

선풍기는 어디에 있니?

It's in the _____.

그것은 거실에 있어.

• Where's + 찾고자
  하는 사물?
  : ~이/가 어디 있니?
• Where's
  = Where is

• 원하는 것 묻고 답하기

• Do you want + 음식?
  : 너는 ~을 먹길 원하니?
• I want + 음식.
  : 나는 ~을 먹길 원해.

Do you want noodles?

국수를 먹길 원하니?

Yes, I do.

응, 그래.

No, I don't. I want _____.

아니, 그렇지 않아. 나는 시리얼을 먹길 원해.

• 모르고 있음 표현하기

Where is my _____?

내 지우개가 어디에 있니?

I don't know.

모르겠어.

• my
  : 나의

1 낱말을 듣고 따라 말하세요.

difficult
어려운

easy
쉬운

problem
문제

answer
답, 대답

club
동아리

member
구성원, 회원

group
무리, 그룹

join
함께 하다, 가입하다

TIP

나라별로 학교에는 다양한 club(동아리)들이 있어요. 캐나다에는 ice hockey club(아이스하키 동아리), 미국에는 football club(미식축구 동아리), 영국에는 rugby club(럭비 동아리) 등이 있어요.

2 낱말에 알맞은 뜻을 연결한 후, 따라 써 보세요.

problem   easy   answer   difficult
●   ●   ●   ●

| 답, 대답 | 문제 | 쉬운 | 어려운 |

| 무리, 그룹 | 함께 하다, 가입하다 | 구성원, 회원 | 동아리 |

●   ●   ●   ●
join   club   group   member

1 낱말을 듣고 따라 말하세요.

ABCDEF
GHIJKLM
NOPQRST
UVWXYZ

English
영어

math
수학

history
역사

science
과학

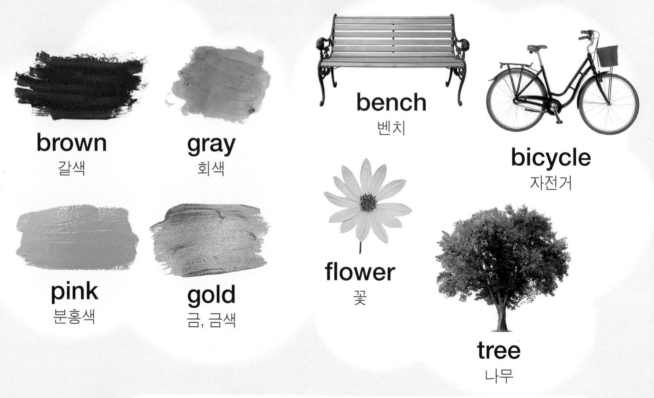

brown
갈색

gray
회색

bench
벤치

bicycle
자전거

pink
분홍색

gold
금, 금색

flower
꽃

tree
나무

TIP

색을 묻고 답할 때는 다음과 같은 표현을 활용할 수 있어요.

A: What color is it? 그것은 무슨 색이니?

B: It's brown. 그것은 갈색이야.

2 자신이 가장 좋아하는 과목부터 순서대로 써 보세요.

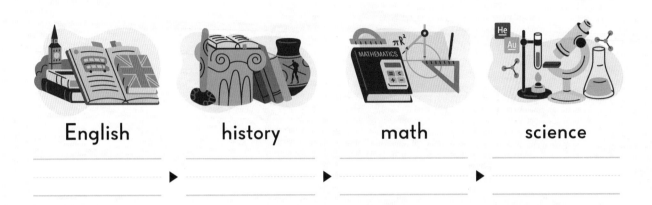

English ▶ history ▶ math ▶ science

_____ ▶ _____ ▶ _____ ▶ _____

3 낱말에 알맞은 그림을 연결한 후, 따라 써 보세요.

tree   pink   bench   gray

gold   flower   brown   bicycle

1 같은 색깔의 퍼즐 조각을 맞추어 그림에 알맞은 낱말을 써 보세요.

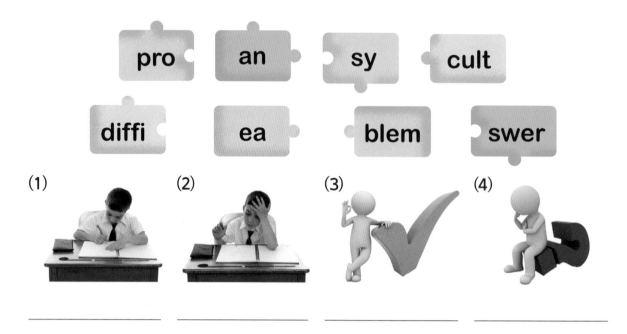

(1) _____

(2) _____

(3) _____

(4) _____

2 그림에 알맞은 낱말을 보기에서 찾아 퍼즐을 완성해 보세요.

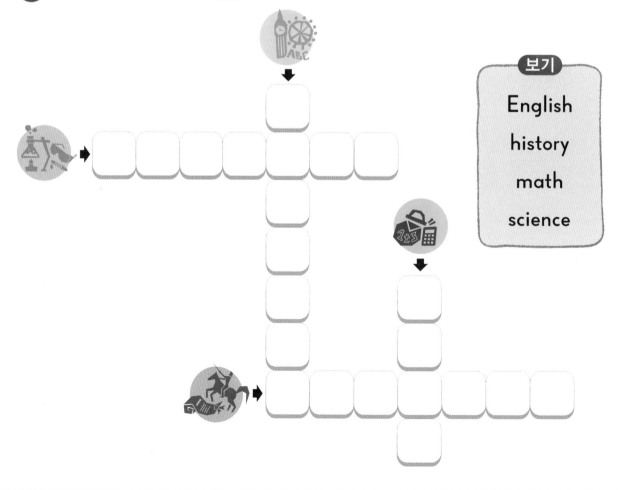

보기

English

history

math

science

3 알파벳을 바르게 배열하여 그림에 알맞은 낱말을 써 보세요.

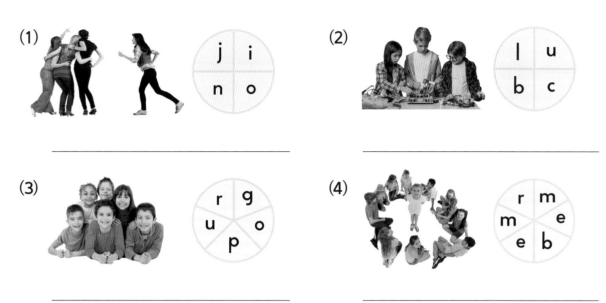

(1)

j i
n o

_____

(2)

l u
b c

_____

(3)

r g
u o
p

_____

(4)

r m
m e
e b

_____

4 각 나무판에서 한 낱말씩을 골라 보기 와 같이 그림에 알맞은 표현을 만들어 보세요.

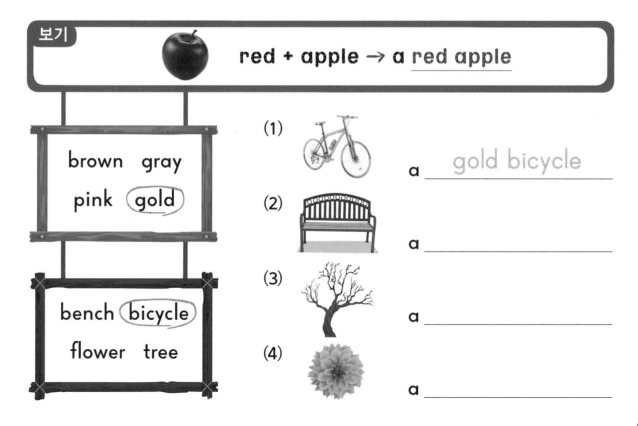

보기

red + apple → a <u>red apple</u>

brown gray
pink (gold)

bench (bicycle)
flower tree

(1) a ___gold bicycle___

(2) a _____

(3) a _____

(4) a _____

1

낱말을 잘 듣고, 그림과 일치하지 <u>않는</u> 것을 고르세요.

①    ②

③    ④

2

낱말을 잘 듣고, 해당하는 낱말을 찾아 동그라미하세요.

(1) brownbenchpink

(2) Englishanswereasy

3

낱말을 잘 듣고, 나머지 셋과 성격이 <u>다른</u> 것을 고르세요.

①   ②   ③   ④

4

낱말을 잘 듣고, 그림의 낱말과 첫소리가 같은 것을 고르세요.

①   ②   ③   ④

5

낱말을 잘 듣고, 그림과 관계 <u>없는</u> 것을 고르세요.

①   ②   ③   ④

6 그림에 알맞은 낱말을 주어진 알파벳으로 시작하여 쓰세요.

→ f_____

7 그림에 알맞은 표현을 고르세요.

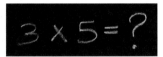

① a math answer
② a history problem
③ a science answer
④ a math problem

8 알파벳을 바르게 배열하여 그림에 알맞은 낱말을 쓰세요.

s c n e c
i   e

→ _____

9 퍼즐판의 빈칸에 알맞은 알파벳을 써넣은 후, 나타나는 낱말을 쓰세요.

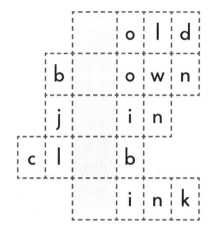

→ _____

10~12 우리말 뜻에 맞도록 낱말을 바르게 고쳐 쓰세요.

10 어려운 difpicult

→ _____

11 답, 대답 answar

→ _____

12 자전거 bycicle

→ _____

1 낱말을 듣고 따라 말하세요.

hospital
병원

farm
농장

library
도서관

museum
박물관

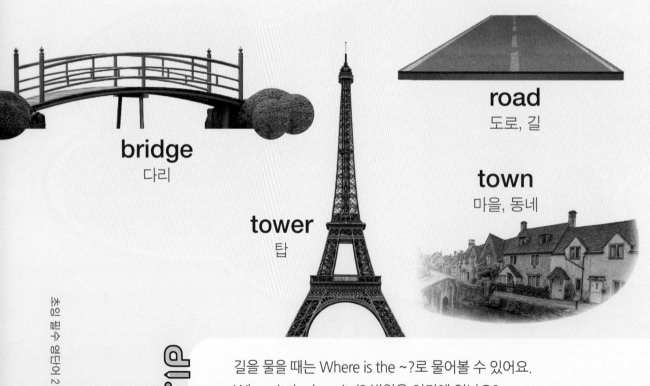

road
도로, 길

bridge
다리

tower
탑

town
마을, 동네

TIP

길을 물을 때는 Where is the ~?로 물어볼 수 있어요.
Where is the hospital? 병원은 어디에 있나요?

2 낱말에 알맞은 그림을 연결한 후, 따라 써 보세요.

hospital   farm   museum   library

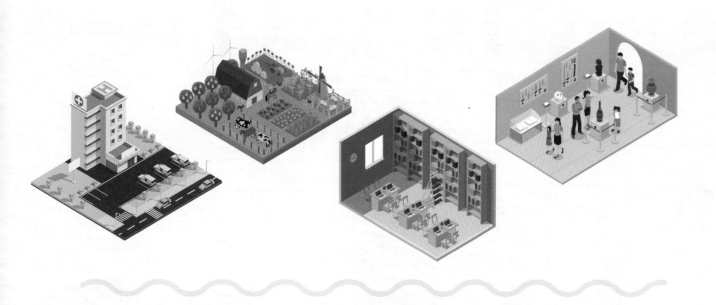

tower   bridge   road   town

1 낱말을 듣고 따라 말하세요.

right
오른쪽(으로)

straight
똑바로

left
왼쪽(으로)

cross
건너다

artist
화가, 예술가

firefighter
소방관

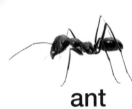

ant
개미

bee
벌

pilot
조종사

police officer
경찰관

bug
벌레, 작은 곤충

spider
거미

TIP

길을 안내할 때는 아래와 같은 표현을 활용할 수 있어요.
- Go straight. 곧바로 가세요.
- Turn right/left. 오른쪽/왼쪽으로 도세요.
- Cross the street. 길을 건너세요.

2 그림과 관련 있는 직업을 보기 에서 찾아 써 보세요.

보기   artist   firefighter   pilot

_____   _____   _____

3 낱말에 알맞은 그림을 연결한 후, 따라 써 보세요..

bee   right   bug   left

straight   ant   cross   spider

1 친구들이 갈 곳을 지도에서 찾아 그 장소에 알맞은 번호와 낱말을 써 보세요.

보기

farm
hospital
library
museum

(1)  재미있는 책을 빌리러 가야 해요. ___, _____

(2)  소에게 먹이를 주러 가야 해요. ___, _____

(3) 다친 다리를 치료받으러 가야 해요. ___, _____

(4) 문화재를 조사하러 가야 해요. ___, _____

2 그림에 알맞은 낱말의 첫 글자를 찾아 연결하고, 낱말을 완성해 보세요.

(1)

(2)

(3) (4)

| I | c | r | s |

3 그림에 알맞은 낱말을 찾아 동그라미하고, 낱말과 우리말 뜻을 써 보세요.

towroadgetownroatowerepibridge

(1) 낱말: _____

뜻: _____

(2) 낱말: _____

뜻: _____

(3) 낱말: _____

뜻: _____

(4) 낱말: _____

뜻: _____

4 그림에 알맞은 낱말을 완성하고, 색깔 상자의 알파벳으로 만든 낱말과 우리말 뜻을 써 보세요.

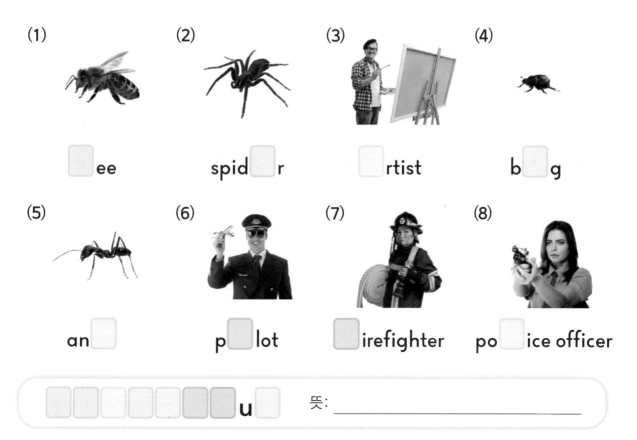

(1) ☐ee

(2) spid☐r

(3) ☐rtist

(4) b☐g

(5) an☐

(6) p☐lot

(7) ☐irefighter

(8) po☐ice officer

☐☐☐☐☐☐☐u☐   뜻: _____

1 낱말을 잘 듣고, 그림과 일치하지 <u>않는</u> 것을 고르세요.

① 　②

③ 　④

2 낱말을 잘 듣고, 해당하는 낱말을 찾아 동그라미하세요.

(1) t o w e r t o w n a n t

(2) b e e b r i d g e b u g

3 낱말을 잘 듣고, 나머지 셋과 성격이 <u>다른</u> 것을 고르세요.

①　②　③　④

4 낱말을 잘 듣고, 그림의 낱말과 첫소리가 같은 것을 고르세요.

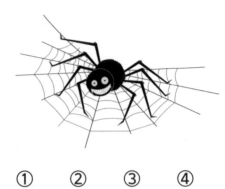

①　②　③　④

5 낱말을 잘 듣고, 그림과 일치하는 것을 고르세요.

①　②　③　④

6 그림에 알맞은 낱말을 주어진 알파벳으로 시작하여 쓰세요.

→ p_____ o_____

7 다음 중 낱말과 우리말 뜻이 일치하지 <u>않는</u> 것을 고르세요.

① bee – 벌
② ant – 개미
③ bug – 벌레
④ farm – 농부

8 알파벳을 바르게 배열하여 그림에 알맞은 낱말을 쓰세요.

f i e r f i h t r e g r

→ _____

9 퍼즐판의 빈칸에 알맞은 알파벳을 써넣은 후, 나타나는 낱말을 쓰세요.

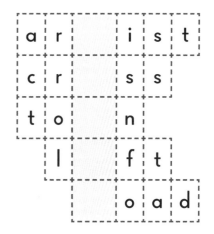

a	r		i	s	t
c	r		s	s	
t	o		n		
	l		f	t	
			o	a	d

→ _____

10~12 우리말 뜻에 맞도록 낱말을 바르게 고쳐 쓰세요.

10 병원 haspitol

→ _____

11 박물관 musuem

→ _____

12 똑바로 streight

→ _____

1 낱말을 듣고 따라 말하세요.

puppy
강아지

frog
개구리

mouse
생쥐

turtle
거북이

rainbow
무지개

sky
하늘

cloud
구름

air
공기

Tip

컴퓨터 작업을 도와주는 마우스도 mouse라고 해요. 작고 동그라며
한쪽에서 시작되는 긴 줄이 쥐 모양과 비슷하여 붙여진 이름이에요.

2 낱말에 알맞은 그림을 연결한 후, 따라 써 보세요.

puppy   turtle   mouse   frog

•   •   •   •

•   •   •   •

rainbow   cloud   sky   air

1 낱말을 듣고 따라 말하세요.

sand
모래

stone
돌

sea
바다

island
섬

dress
드레스

jacket
재킷

bubble
거품

towel
수건

shirt
셔츠

sweater
스웨터

soap
비누

shampoo
샴푸

TIP

island[아일랜드]에서 s는 소리가 나지 않아요.

2 자신이 가장 갖고 싶은 옷부터 순서대로 써 보세요.

dress   jacket   shirt   sweater

▶   ▶   ▶

3 낱말에 알맞은 그림을 연결한 후, 따라 써 보세요.

soap   sand   towel   stone

sea   bubble   island   shampoo

1 빈칸에 공통으로 들어갈 알파벳을 써 보세요.

(1)

sa__d

sto__e

(2)

towe__

bubb__e

(3)

__ea

i__land

(4)

soa__

sham__oo

2 그림에 알맞은 낱말을 찾아 동그라미하세요.

(1)

shart
shert
shirt

(2)

jacket
jackit
jeckit

(3)

swaeter
sweater
sweatar

(4)

drass
drese
dress

3 같은 색깔의 퍼즐 조각을 맞추어 그림에 알맞은 낱말을 써 보세요.

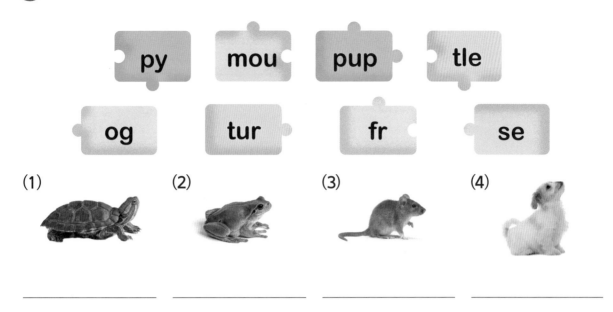

(1) _____ (2) _____ (3) _____ (4) _____

4 표를 보고, 암호가 나타내는 낱말과 우리말 뜻을 써 보세요.

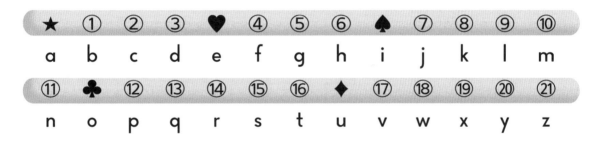

(1)
★ ♠ ⑭

낱말: _____

뜻: _____

(2)
② ⑨ ♣ ♦ ③

낱말: _____

뜻: _____

(3)
⑮ ⑧ ⑳

낱말: _____

뜻: _____

(4)
⑭ ★ ♠ ⑪ ① ♣ ⑱

낱말: _____

뜻: _____

🎧 **1** 낱말을 잘 듣고, 그림과 일치하지 <u>않는</u> 것을 고르세요.

①
②
③
④

🎧 **2** 낱말을 잘 듣고, 해당하는 낱말을 찾아 동그라미하세요.

(1) seaskysand

(2) soapairmouse

🎧 **3** 낱말을 잘 듣고, 나머지 셋과 성격이 <u>다른</u> 것을 고르세요.

①   ②   ③   ④

🎧 **4** 낱말을 잘 듣고, 그림의 낱말과 첫소리가 같은 것을 고르세요.

①   ②   ③   ④

🎧 **5** 낱말을 잘 듣고, 그림과 일치하는 것을 고르세요.

①   ②   ③   ④

6 그림에 알맞은 낱말을 주어진 알파벳으로 시작하여 쓰세요.

→ r_____

7 다음 중 나머지 셋과 성격이 <u>다른</u> 낱말을 고르세요.

① sea   ② stone

③ island   ④ soap

8 알파벳을 바르게 배열하여 그림에 알맞은 낱말을 쓰세요.

→ _____

9 퍼즐판의 빈칸에 알맞은 알파벳을 써넣은 후, 나타나는 낱말을 쓰세요.

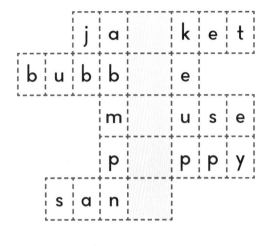

→ _____

10~12 우리말 뜻에 맞도록 낱말을 바르게 고쳐 쓰세요.

10 스웨터 sweeter

→ _____

11 수건 tawel

→ _____

12 거북이 turttle

→ _____

1 낱말을 듣고 따라 말하세요.

happen
발생하다

fix
고치다

save
구하다

hurt
다치게 하다, 아프다

balloon
풍선

card
카드

present
선물

event
행사

TIP

fix는 '고치다'와 '(시간·장소 등을) 정하다'라는 뜻이 있어요.
- **fix** the roof 지붕을 고치다
- **fix** a time 시간을 정하다

2 낱말에 알맞은 그림을 연결한 후, 따라 써 보세요.

hurt　　fix　　happen　　save

card　　balloon　　event　　present

1 낱말을 듣고 따라 말하세요.

movie
영화

music
음악

cartoon
만화

picture
사진, 그림

invite
초대하다

bring
가져오다

bath
목욕시키다, 욕조

shower
샤워

set
차리다

enjoy
즐기다

wash
씻다

dry
말리다

TIP

set은 '(음식을 내놓기 전에 접시, 포크, 수저 등을 식탁에) 놓다, 차리다'의 뜻이에요.
- **set** the table 식탁을 차리다
- **set** a cup on the table 탁자에 컵을 놓다

2

자신이 가장 좋아하는 것부터 순서대로 써 보세요.

movie   music   picture   cartoon

▶   ▶   ▶

3

낱말에 알맞은 그림을 연결한 후, 따라 써 보세요.

wash   set   bath   enjoy

bring   dry   invite   shower

1 빈칸에 알맞은 알파벳을 보기 에서 찾아 낱말을 완성하고 써 보세요.

보기
c d l n r s t v

(1)  ☐ar☐

(2)  e☐en☐

_____

(3)  ba☐loo☐

(4) p☐e☐ent

_____

2 거울에 비친 낱말을 바르게 쓴 후, 알맞은 그림과 연결해 보세요.

(1) dry

(2) bath

(3) shower

(4) wash

•

•

•

•

•

•

•

•

3 그림에 알맞은 낱말을 찾아 동그라미한 후, 써 보세요.

(1)

m o **m u s i c** v

(2)

c a r t o o n y

(3)

c **p i c t u r e**

(4)

n **m o v i e** o r

_____ _____ _____ _____

4 보기 의 낱말을 찾아 동그라미한 후, 알맞은 그림에 써 보세요.

보기

bring   enjoy   fix   happen   hurt   invite   save   set

b	r	i	n	g	r	u	h
x	v	n	z	f	i	x	a
s	a	v	e	b	m	y	p
e	g	i	c	o	x	n	p
t	f	t	h	u	r	t	e
y	q	e	n	j	o	y	n

(1)

(2)

(3)

(4)

_____ _____ _____ _____

(5)

(6)

(7)

(8)

_____ _____ _____ _____

1 낱말을 잘 듣고, 그림과 일치하지 <u>않는</u> 것을 고르세요.

①

②

③

④

2 낱말을 잘 듣고, 해당하는 낱말을 찾아 동그라미하세요.

(1) enjoyinvitefix

(2) happenhurtdry

3 낱말을 잘 듣고, 나머지 셋과 성격이 <u>다른</u> 것을 고르세요.

① ② ③ ④

4 낱말을 잘 듣고, 그림의 낱말과 첫소리가 같은 것을 고르세요.

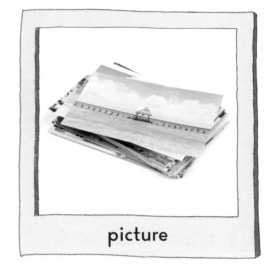

picture

① ② ③ ④

5 낱말을 잘 듣고, 그림과 일치하는 것을 고르세요.

① ② ③ ④

6 그림에 알맞은 낱말을 주어진 알파벳으로 시작하여 쓰세요.

→ s＿＿＿＿＿ the table

7 다음 중 낱말과 우리말 뜻이 일치하지 <u>않는</u> 것을 고르세요.

① fix – 고치다
② save – 구하다
③ enjoy – 즐기다
④ invite – 가져오다

8 알파벳을 바르게 배열하여 그림에 알맞은 낱말을 쓰세요.

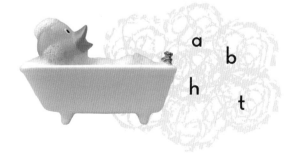

a
b
h
t

→ ＿＿＿＿＿＿＿＿＿＿

9 퍼즐판의 빈칸에 알맞은 알파벳을 써넣은 후, 나타나는 낱말을 쓰세요.

s	h	o	w		r	
		m	o		i	e
p	r	e	s		n	t
	b	r	i		g	
	h	u	r			

→ ＿＿＿＿＿＿＿＿＿＿

10~12 우리말 뜻에 맞도록 낱말을 바르게 고쳐 쓰세요.

10 발생하다 hapen

→ ＿＿＿＿＿＿＿＿＿＿

11 사진, 그림 pikture

→ ＿＿＿＿＿＿＿＿＿＿

12 풍선 balloun

→ ＿＿＿＿＿＿＿＿＿＿

1 낱말을 듣고 따라 말하세요.

give
주다

tell
말하다

build
짓다, 세우다

fall
떨어지다

football
축구, 미식축구

badminton
배드민턴

golf
골프

marathon
마라톤

TIP

영국에서는 '축구'를 football, '미식축구'는 American football이라고
해요. 미국에서는 '축구'를 soccer[싸커]라고 해요.

2 낱말에 알맞은 그림을 연결한 후, 따라 써 보세요.

give   fall   build   tell

•   •   •   •

•   •   •   •

football   marathon   golf   badminton

1 낱말을 듣고 따라 말하세요.

catch
잡다

hit
때리다, 치다

kick
차다

pass
건네주다, 지나가다

picnic
소풍

camp
캠프, 야영지

trip
여행

map
지도

tent
텐트

adventure
모험

camera
카메라

album
사진첩, 앨범

Tip

picnic은 가족이 야외로 떠나는 것을 말하고, 학교에서 가는 현장 학습은 field trip이라고 해요. 미국 학교의 field trip은 주로 학교에서 배우는 곳과 관련된 곳으로 많이 간답니다.

2 그림에 알맞은 낱말을 보기 에서 찾아 써 보세요.

보기   catch   hit   kick   pass

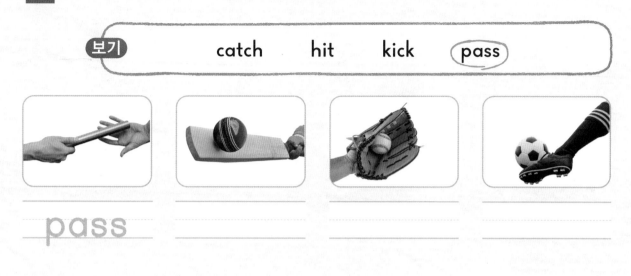

pass _____   _____   _____

3 낱말에 알맞은 뜻을 연결한 후, 따라 써 보세요.

map   tent   trip   adventure
•   •   •   •

텐트   여행   모험   지도

사진첩, 앨범   소풍   카메라   캠프, 야영지

•   •   •   •

picnic   camera   camp   album

1 각 운동용품을 관련 있는 운동과 낱말에 연결하고, 써 보세요.

(1)  • •  • • golf

(2) • •  • • football

(3) • •  • • badminton

(4) • • • • marathon

2 빈칸에 알맞은 알파벳을 써넣어 그림에 알맞은 낱말을 완성해 보세요.

(1)

b ☐ il ☐

(2)

c ☐ t ☐ h

(3)

f ☐☐ l

(4)

☐ i ☐ e

(5)

h ☐☐

(6)

k ☐ c ☐

(7)

☐☐ ss

(8)

t ☐ l ☐

3 화살표를 따라가며 숨겨진 낱말을 찾아보세요. 찾은 낱말과 그 뜻을 써 보세요.

(1)

시작	n	t	l
t	e	a	s
u	b	n	t

낱말: _____ 뜻: _____

(2)

c	a	t	e
시작	m	p	d
n	a	m	n

낱말: _____ 뜻: _____

(3)

u	시작	a	o
c	p	c	i
p	i	c	n

낱말: _____ 뜻: _____

(4)

v	d	a	시작
e	u	r	e
n	t	a	t

낱말: _____ 뜻: _____

4 그림에 알맞은 낱말을 보기 에서 찾아 문장을 완성해 보세요.

보기

trip   map   camera   album

I have a(n) _____
and a(n) _____.
나는 카메라와 지도를 가지고 있어.

1

낱말을 잘 듣고, 그림과 일치하지 <u>않는</u> 것을 고르세요.

① 　②

③ 　④

2

낱말을 잘 듣고, 해당하는 낱말을 찾아 동그라미하세요.

(1) t e l l t r i p a l b u m

(2) c a m p c a m e r a c a t c h

3

낱말을 잘 듣고, 나머지 셋과 성격이 <u>다른</u> 것을 고르세요.

①　②　③　④

4

낱말을 잘 듣고, 그림의 낱말과 첫소리가 같은 것을 고르세요.

①　②　③　④

5

낱말을 잘 듣고, 그림과 일치하는 것을 고르세요.

①　②　③　④

6 그림에 알맞은 낱말을 주어진 알파벳으로 시작하여 쓰세요.

→ k_____ a ball

7 다음 중 낱말과 우리말 뜻이 일치하지 <u>않는</u> 것을 고르세요.

① give — 주다
② tell — 말하다
③ fall — 지나가다
④ pass — 건네주다

8 알파벳을 바르게 배열하여 그림에 알맞은 낱말을 쓰세요.

t a d n e v u e r

→ _____

9 퍼즐판의 빈칸에 알맞은 알파벳을 써넣은 후, 나타나는 낱말을 쓰세요.

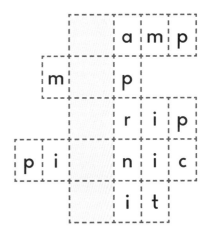

→ _____

10~12 우리말 뜻에 맞도록 낱말을 바르게 고쳐 쓰세요.

10 짓다, 세우다 bueld

→ _____

11 사진첩, 앨범 albem

→ _____

12 배드민턴 bedminton

→ _____

주어진 문장을 따라 쓰고, 배운 낱말을 활용하여 문장을 완성해 보세요.

• 지금 하고 있는 일 묻고 답하기

• I'm + 동사원형-ing ~.
: 나는 ~하고 있어.

What are you doing?

너 지금 뭐하니?

I'm listening to music.

나는 음악을 듣고 있어.

I'm   .

나는 그림을 그리고 있어.

• favorite: 가장 좋아하는
• subject: 과목
• What is your favorite ~?
: 네가 가장 좋아하는
  ~은 무엇이니?

• 좋아하는 것 묻고 답하기

What's your favorite subject?

네가 가장 좋아하는 과목은 무엇이니?

My favorite subject is English.

내가 가장 좋아하는 과목은 영어야.

My favorite subject is   .

내가 가장 좋아하는 과목은 과학이야.

• 길 묻고 안내하기

• **Where is the + 장소?**
 : ~은 어디에 있나요?
• **Go straight.**
 : 직진하세요.
• **Turn right/left.**
 : 오른쪽/왼쪽으로
  도세요.

Where is the hospital?

병원은 어디에 있나요?

Go straight and turn right.

곧장 가다가 오른쪽으로 도세요.

Where is the   ?

도서관은 어디에 있나요?

Go straight   .

곧장 가다가 왼쪽으로 도세요.

• 직업 묻고 답하기

What do you do?

직업이 무엇인가요?

What does he do?

그의 직업은 무엇인가요?

I'm a firefighter.

저는 소방관입니다.

He's a   .

그는 조종사입니다.

• **Is this your + 물건?**
 : 이것은 너의 ~이니?
• **mine**: 나의 것

• 물건의 주인 확인하기

Is this your jacket?

이것이 너의 재킷이니?

Yes, it's mine. / No, it's not   .

응, 그건 내 거야. / 아니, 그건 내 것이 아니야.

1 낱말을 듣고 따라 말하세요.

yesterday
어제

today
오늘

tomorrow
내일

tonight
오늘밤

spring
봄

summer
여름

fall
가을

winter
겨울

TIP

가을은 fall 또는 autumn[오텀]이라고 하는데,
fall은 주로 미국에서 많이 사용해요.

2 낱말에 알맞은 뜻 또는 그림을 연결한 후, 따라 써 보세요.

tonight　　tomorrow
　　•　　　　　•

　　today　　　yesterday
　　　•　　　　　　•

| 오늘 | 오늘밤 | 어제 | 내일 |

　•　　　　•　　　　•　　　　•

winter　　fall　　summer　　spring

1 낱말을 듣고 따라 말하세요.

calendar
달력

Monday
월요일

Tuesday
화요일

Wednesday
수요일

Thursday
목요일

Friday
금요일

early
일찍

late
늦게

Saturday
토요일

Sunday
일요일

now
지금

future
미래

Tip

요일에 대한 질문과 대답은 다음과 같이 할 수 있어요.
A: What day is it today? 오늘은 무슨 요일이니?
B: It's Friday. 금요일이야.

2 그림에 알맞은 낱말을 보기 에서 찾아 써 보세요.

보기   early   late   now   future

n

f

l

e

3 낱말에 알맞은 뜻을 연결한 후, 따라 써 보세요.

calendar   •   •   금요일

Tuesday   •   •   화요일

Friday   •   •   달력

Monday   •   •   목요일

Thursday   •   •   월요일

Saturday   •   •   수요일

Wednesday   •   •   토요일

1 지호의 일정표를 살펴보고, 빈칸에 알맞은 낱말을 써 보세요.

지호의 일정표		
월요일 친구들과 축구하기	**화요일** 수학 공부하기	**수요일** 지수의 생일 파티 가기

(1)

A: What day is it today?

B: It's _____.

(2)

A: What day is it today?

B: It's _____.

(3)

A: What day is it today?

B: It's _____.

2 힌트를 보고 날짜에 알맞은 요일을 영어로 써 보세요.

힌트 1 내일은 11일이에요.   힌트 2 어제는 수요일이었어요.

(1) _____

(2) _____

(3) _____

(4) _____

3 수수께끼의 답을 **보기** 에서 찾아 써 보세요.

보기

spring   summer   fall   winter

(1) 잘 익은 곡식들을 추수하는 계절은? _____

(2) 덥고 습하며 비가 많이 내리는 계절은? _____

(3) 새싹이 돋고 꽃들이 활짝 피어나는 계절은? _____

(4) 털모자, 털장갑 등 두꺼운 용품들이 필요한 계절은? _____

4 알맞은 낱말을 써넣어 퍼즐을 완성해 보세요.

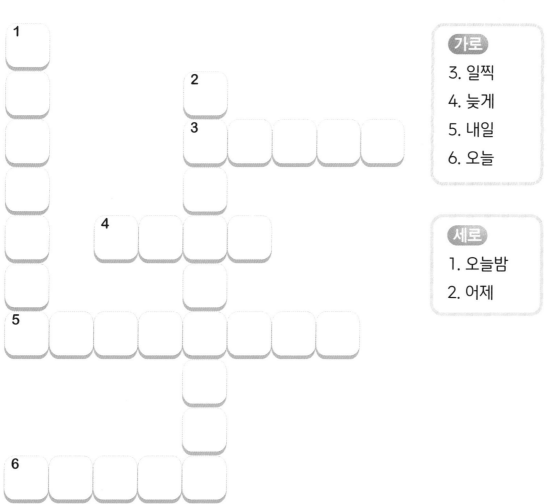

가로

3. 일찍
4. 늦게
5. 내일
6. 오늘

세로

1. 오늘밤
2. 어제

1 낱말을 잘 듣고, 그림과 일치하지 <u>않는</u> 것을 고르세요.

①

②

③

④

2 낱말을 잘 듣고, 해당하는 낱말을 찾아 동그라미하세요.

(1) tonightnowearly

(2) fallfuturelate

3 낱말을 잘 듣고, 나머지 셋과 성격이 <u>다른</u> 것을 고르세요.

①　　②　　③　　④

4 낱말을 잘 듣고, 그림의 낱말과 첫소리가 같은 것을 고르세요.

tonight

①　　②　　③　　④

5 낱말을 잘 듣고, 달력에 표시된 요일과 일치하는 것을 고르세요.

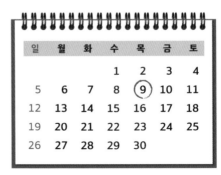

일	월	화	수	목	금	토
			1	2	3	4
5	6	7	8	⑨	10	11
12	13	14	15	16	17	18
19	20	21	22	23	24	25
26	27	28	29	30		

①　　②　　③　　④

6 그림에 알맞은 낱말을 주어진 알파벳으로 시작하여 쓰세요.

→ He is l_____.

7 다음 중 나머지 셋과 성격이 <u>다른</u> 낱말을 고르세요.

① yesterday ② today

③ spring   ④ tomorrow

8 알파벳을 바르게 배열하여 그림에 알맞은 낱말을 쓰세요.

a r e y l

→ _____

9 퍼즐판의 빈칸에 알맞은 알파벳을 써넣은 후, 나타나는 낱말을 쓰세요.

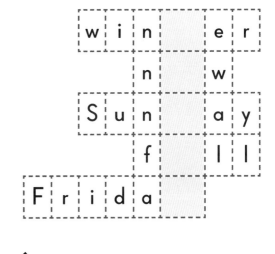

w	i	n		e	r

→ _____

10~12 우리말 뜻에 맞도록 낱말을 바르게 고쳐 쓰세요.

10 수요일 Wenesday

→ _____

11 달력 calender

→ _____

12 목요일 Thersday

→ _____

1 낱말을 듣고 따라 말하세요.

vegetable
채소

fruit
과일

meal
식사

dessert
디저트, 후식

food
음식

hobby
취미

festival
축제

nation
국가

Tip

dessert [디저r트]는 '디저트, 후식'의 뜻이고,
desert [데저r트]는 '사막'이라는 뜻이에요.

2 낱말에 알맞은 그림을 연결한 후, 따라 써 보세요.

dessert   meal   vegetable   fruit

nation   festival   hobby   food

1 낱말을 듣고 따라 말하세요.

body
몸

mind
마음, 정신

face
얼굴

skin
피부

fashion
패션, 유행

habit
버릇, 습관

heavy
무거운

light
가벼운

job
직업

toy
장난감

far
먼, 멀리

near
가까운, 가까이

Tip

light가 명사일 때는 '빛, 불', 형용사일 때는 '밝은, 가벼운'의 뜻이에요.
- the **light** of the moon 달빛
- a **light** color 밝은 색

2 그림에 알맞은 낱말을 보기 에서 찾아 써 보세요.

보기   heavy   light   far   near

light

3 낱말에 알맞은 그림을 연결한 후, 따라 써 보세요.

skin   face   toy   job

body   fashion   mind   habit

1 그림에 알맞은 낱말을 찾아 동그라미하세요.

(1)

fase
face
fece

(2)

skim
skan
skin

(3)

habit
hebit
havit

(4)

maind
mind
mand

2 그림에 알맞은 낱말의 첫 글자를 찾아 연결하고, 낱말을 완성해 보세요.

(1)

•

(2)

•

(3)

•

(4)

•

•
f

•
j

•
b

•
t

3 틀린 알파벳을 한 개 찾아 그림에 알맞은 낱말로 고쳐 써 보세요.

(1)

bessert

(2)

festivar

(3)

pood

(4)

freit

(5)

hobbi

(6)

meel

(7)

nasion

(8)

vagetable

4 그림에 알맞은 낱말을 보기 에서 찾아 문장을 완성해 보세요.

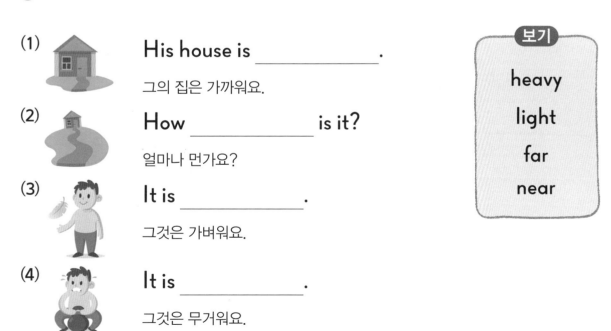

(1) His house is _____ .

그의 집은 가까워요.

(2) How _____ is it?

얼마나 먼가요?

(3) It is _____ .

그것은 가벼워요.

(4) It is _____ .

그것은 무거워요.

보기

heavy

light

far

near

1 낱말을 잘 듣고, 그림과 일치하지 <u>않는</u> 것을 고르세요.

①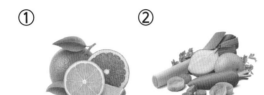
②

③
④

 4 낱말을 잘 듣고, 그림의 낱말과 첫소리가 같은 것을 고르세요.

face

① ② ③ ④

2 낱말을 잘 듣고, 해당하는 낱말을 찾아 동그라미하세요.

(1) s k i n t o y j o b

(2) l i g h t n e a r f a r

5 낱말을 잘 듣고, 그림과 일치하는 것을 고르세요.

3 낱말을 잘 듣고, 나머지 셋과 성격이 <u>다른</u> 것을 고르세요.

① ② ③ ④

① ② ③ ④

6 그림에 알맞은 낱말을 주어진 알파벳으로 시작하여 쓰세요.

→ f_____

7 다음 중 두 낱말의 관계가 나머지 셋과 <u>다른</u> 것을 고르세요.

① far – near
② heavy – light
③ body – mind
④ meal – food

8 알파벳을 바르게 배열하여 그림에 알맞은 낱말을 쓰세요.

d s r
e s
e t

→ _____

9 퍼즐판의 빈칸에 알맞은 알파벳을 써넣은 후, 나타나는 낱말을 쓰세요.

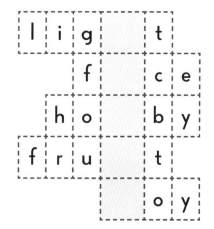

l	i	g			t
		f		c	e
	h	o		b	y
f	r	u		t	
				o	y

→ _____

10~12 우리말 뜻에 맞도록 낱말을 바르게 고쳐 쓰세요.

10 채소 vegitable

→ _____

11 국가 naition

→ _____

12 패션, 유행 fasion

→ _____

1 낱말을 듣고 따라 말하세요.

money
돈

coin
동전

poor
가난한

rich
부자인, 부유한

hero
영웅

angel
천사

god
신

monster
괴물

Tip

우리말의 '돈, 화폐'는 money인데, 그중에서 지폐는 bill, 동전은 coin이라고 해요. 우리나라의 화폐 단위는 '원(₩)', 미국은 '달러($)', 영국의 화폐 단위는 '파운드(£)'예요.

2 낱말에 알맞은 뜻을 연결한 후, 따라 써 보세요.

coin   poor   rich   money

| 부자인, 부유한 | 동전 | 돈 | 가난한 |

| 괴물 | 영웅 | 신 | 천사 |

hero   god   angel   monster

UNIT 13 SET B

1 낱말을 듣고 따라 말하세요.

king
왕

queen
여왕

prince
왕자

princess
공주

slow
느린

fast
빠른

fill
채우다

hunt
사냥하다, 사냥

together
함께

alone
혼자

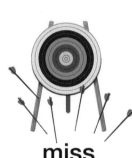

miss
놓치다

mix
섞다, 혼합하다

TIP

miss는 '놓치다' 외에도 '그리워하다'라는 뜻도 있어요.
- Don't **miss** the ball. 공을 놓치지 마라.
- I **miss** you. 네가 그리워.

2 그림에 알맞은 낱말을 보기 에서 찾아 써 보세요.

보기　　king　　queen　　prince　　princess

(2)　(3)

(1)

(4)

(1) _____

(2) _____

(3) _____

(4) _____

3 낱말에 알맞은 그림을 연결한 후, 따라 써 보세요.

fill　　slow　　fast　　mix

alone　　hunt　　together　　miss

1 그림에 알맞게 밑줄 친 부분을 바르게 고쳐 써 보세요.

(1) I'm <u>an angel</u>. → I'm _____a god_____.

(2) I'm <u>a god</u>. → I'm a h_____.

(3) I'm <u>a hero</u>. → I'm a m_____.

(4) I'm <u>a monster</u>. → I'm an a_____.

2 알맞은 낱말을 보기 에서 찾아 퍼즐을 완성해 보세요.

보기

money   prince   princess   queen

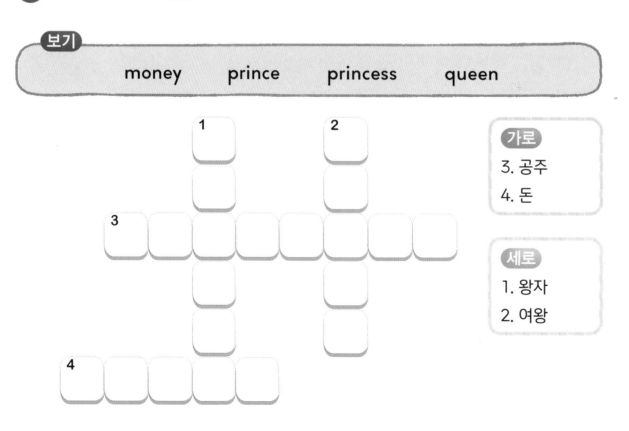

가로
3. 공주
4. 돈

세로
1. 왕자
2. 여왕

3 알파벳을 바르게 배열하여 그림에 알맞은 낱말을 써 보세요.

(1)

i   m
x

_____

(2)

n   h
u   t

_____

(3)

s   m
i   s

_____

(4)

l   l
i   f

_____

4 낱말의 뜻과 반대되는 그림을 찾아 연결하고, 보기 에서 찾아 써 보세요.

(1)

alone
•

•

(2)

rich
•

•

(3)

slow
•

•

_____ _____ _____

보기

fast   together   poor

1 낱말을 잘 듣고, 그림과 일치하지 <u>않는</u> 것을 고르세요.

① ②

③ ④

 2 낱말을 잘 듣고, 해당하는 낱말을 찾아 동그라미하세요.

(1) m i s s m i x m o n e y

(2) a n g e l a l o n e s l o w

3 낱말을 잘 듣고, 나머지 셋과 성격이 <u>다른</u> 것을 고르세요.

① ② ③ ④

4 낱말을 잘 듣고, 그림의 낱말과 첫소리가 같은 것을 고르세요.

① ② ③ ④

5 낱말을 잘 듣고, 그림과 일치하는 것을 고르세요.

① ② ③ ④

6 그림에 알맞은 낱말을 주어진 알파벳으로 시작하여 쓰세요.

→ h_____

7 다음 중 두 낱말의 관계가 나머지 셋과 <u>다른</u> 것을 고르세요.

① poor – rich

② fast – slow

③ money – coin

④ alone – together

8 알파벳을 바르게 배열하여 그림에 알맞은 낱말을 쓰세요.

u n

e

q e

→ _____

9 퍼즐판의 빈칸에 알맞은 알파벳을 써넣은 후, 나타나는 낱말을 쓰세요.

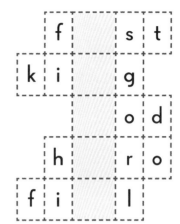

f			s	t
k	i		g	
			o	d
	h		r	o
f	i			l

→ _____

10~12 우리말 뜻에 맞도록 낱말을 바르게 고쳐 쓰세요.

10 공주 princes

→ _____

11 괴물 monstar

→ _____

12 놓치다 mis

→ _____

1 낱말을 듣고 따라 말하세요.

need
~이 필요하다

hope
바라다, 희망하다

teach
가르치다

think
생각하다

many
(수가) 많은

much
(양이) 많은

little
거의 없는

double
두 배의

TIP

many는 셀 수 있는 낱말과 쓰이고, much는 셀 수 없는 낱말과 함께 쓰이므로 구분해서 사용해야 해요.

- **many** books 많은 책들 / **many** apples 많은 사과들
- **much** water 많은 물 / **much** money 많은 돈

2 그림에 알맞은 낱말을 보기 에서 찾아 써 보세요.

보기   need   hope   teach   think

n   t   t   h

3 표현을 완성하여 쓰고, 알맞은 그림과 연결해 보세요.

little water   many toys

much sugar   a double cheeseburger

1 낱말을 듣고 따라 말하세요.

May I come in?

must
~해야 한다

can
~할 수 있다

may
~해도 좋다

will
~할 것이다

what
무엇

who
누구

how
어떻게

why
왜

when
언제

where
어디서

with
~와 함께

about
~에 대하여

Tip

can, may, must, will은 일반동사 앞에 쓰여 그 동사에 어떤 의미를 더해주는 말이에요.

- He **can** do it. 그는 할 수 있어.
- You **may** go. 너는 가도 돼.
- He **will** go. 그는 갈 거야.
- You **must** go. 너는 가야 해.

2 우리말과 같은 뜻이 되도록 보기 에서 알맞은 낱말을 찾아 써 보세요.

보기 can may must will What Who When Where

(1) _____ is she?
그녀는 누구니?

(2) I _____ swim.
나는 수영을 할 수 있어.

(3) _____ are you?
어디에 있니?

(4) We _____ stop here.
우리는 여기서 멈춰야 해.

(5) _____ is your name?
네 이름은 뭐니?

(6) You _____ come in.
들어오셔도 됩니다.

(7) _____ is your birthday?
네 생일은 언제니?

(8) They _____ learn English.
그들은 영어를 배울 것이다.

1 가족 신문을 만들기 위해 육하원칙에 따라 실을 내용을 정리했어요.
빈칸에 알맞은 낱말을 **보기**에서 찾아 써 보세요.

보기

what   when   where   (who)   why   how

(1) who   우리 가족이

(2)   20××년 5월 10일에

(3)   우리 집 거실에서

(4)   깜짝 생일 파티를

(5)   엄마를 놀라게 하고 케이크의 촛불을 불었다

(6)   엄마의 생신이었기 때문에

2 사다리를 타고 내려가 그림에 알맞은 낱말을 완성해 보세요.

(1)   (2)   (3)   (4)

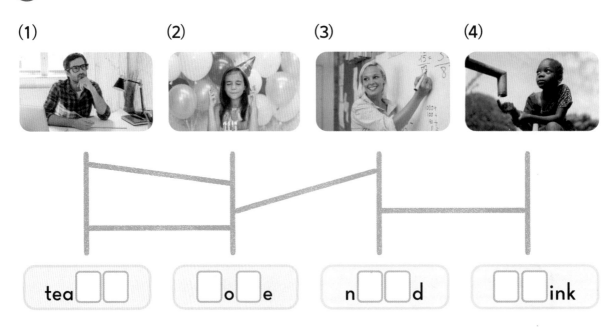

tea☐☐   ☐o☐e   n☐☐d   ☐☐ink

3 그림에 알맞은 낱말을 보기 에서 찾아 빈칸에 써 보세요.

보기

about　double　little　many　much　with

(1) _____ money
많은 돈

(2) _____ joy
두 배의 즐거움

(3) _____ my dad
아빠와 함께

(4) _____ books
많은 책

(5) _____ science
과학에 대하여

(6) _____ water
거의 없는 물

4 그림에 알맞은 문장을 연결해 보세요.

(1) • • You may sit here.

(2) • • He must study tonight.

(3) • • She can play the violin.

(4) • • We will play tennis tomorrow.

1

다음을 잘 듣고, 그림과 일치하지
<u>않는</u> 것을 고르세요.

①   ②

③   ④

2

낱말을 잘 듣고, 해당하는 낱말을
찾아 동그라미하세요.

(1) **w h y w h e r e w h e n**

(2) **h o w w h o w i t h**

3

낱말을 잘 듣고, 우리말 뜻에
해당하는 것을 고르세요.

바라다, 희망하다

①   ②   ③   ④

4

낱말을 잘 듣고, 그림에 알맞은
것을 고르세요.

①   ②   ③   ④

5

문장을 잘 듣고, 그림과 일치하는
것을 고르세요.

①   ②   ③   ④

6 다음 대화의 빈칸에 알맞은 말을 주어진 알파벳으로 시작하여 쓰세요.

> A: _____ will you leave?
> B: Tomorrow.

→ W_____

7 다음 그림의 상황에서 할 수 있는 말로 빈칸에 알맞은 것을 고르세요.

→ I _____ a box.

① need ② think
③ teach ④ hope

8 알파벳을 바르게 배열하여 그림에 알맞은 낱말을 쓰세요.

e u l
d o b

→ a_____
cheeseburger

9 퍼즐판의 빈칸에 알맞은 알파벳을 써넣은 후, 나타나는 낱말을 쓰세요.

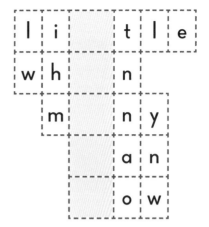

→ _____

10~12 우리말 뜻에 맞도록 낱말을 바르게 고쳐 쓰세요.

10 ~에 대하여 abaut

→ _____

11 어디서 hwere

→ _____

12 무엇 whet

→ _____

1 낱말을 듣고 따라 말하세요.

on
~ 위에, 표면에

under
~ 아래에

over
~ 위로

around
~ 주위에

and
~와, 그리고

but
그러나

or
또는

so
그래서

Tip

on은 '(표면에 닿게) ~ 위에', over는 '(표면에서 약간 떨어지게) ~ 위에'를 뜻해요.
- a cup **on** the table 탁자 위의 컵
- hold an umbrella **over** her 그녀 위로 우산을 들다

2 빈칸에 알맞은 낱말을 보기 에서 찾아 써 보세요.

보기   on   under   over   around

_____   _____   _____   _____

3 우리말과 같은 뜻이 되도록 보기 에서 알맞은 낱말을 찾아 써 보세요.

보기   and   but   or   so

(1)

Her song is old _____ good.

그녀의 노래는 오래되었지만 좋다.

(2)

I like hamburgers _____ pizza.

나는 햄버거와 피자를 좋아한다.

(3)

Do you want tea _____ coffee?

너는 차를 마실래, 커피를 마실래?

(4)

I'm tired, _____ I can't walk fast.

나는 피곤해서 빠르게 걸을 수가 없다.

1 낱말을 듣고 따라 말하세요.

hour
1시간

minute
분

time
시간

noon
정오, 낮 12시

before
~ 전에

after
~ 후에

just
그저, 단지

also
또한

A.M./a.m.
오전

P.M./p.m.
오후

very
매우, 정말

well
잘, 좋게

Tip

a.m.(혹은 AM)과 p.m.(혹은 PM)을 숫자 뒤에 써서 하루 중 시간을 표시할 수 있어요.

from 11:30 **a.m.** to 2:15 **p.m.** 오전 11시 30분부터 오후 2시 15분까지

2 빈칸에 알맞은 낱말을 보기 에서 찾아 써 보세요.

보기   time   hour   minute   noon

n _ _ _   h _ _ _   m _ _ _ _ _   t _ _ _

3 우리말과 같은 뜻이 되도록 보기 에서 알맞은 낱말을 찾아 써 보세요.

보기   before   after   just   also   well

(1)

He sings _____ .

그는 노래를 잘 부른다.

(2)

We are _____ friends.

우리는 그냥 친구 사이야.

(3)

I watch TV _____ dinner.

나는 저녁 식사 후 TV를 본다.

(4)

Wash your hands _____ lunch.

점심 식사 전에 손을 씻어라.

(5)

I like candy. I _____ like chocolate.

나는 사탕을 좋아한다. 나는 또한 초콜릿도 좋아한다.

1 그림에 알맞은 낱말을 보기 에서 찾아 빈칸에 써 보세요.

보기

on   under   over   around

(1)

_____ the box

(2)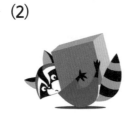

_____ the box

(3)

_____ the box

(4)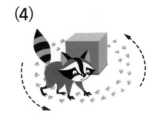

_____ the box

2 빈칸에 알맞은 알파벳을 써넣어 그림에 알맞은 낱말을 완성해 보세요.

보기

A e h m n o P r u

알파벳을 여러 번 쓸 수 있어요!

(1) 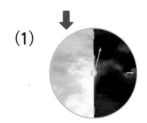 ☐.M.

(2)  ☐.M.

(3)  ti☐☐

(4) n☐☐n

(5)  ☐ou☐

(6) mi☐☐te

3 우리말과 같은 뜻이 되도록 주어진 알파벳으로 시작하는 낱말을 써 보세요.

(1) I j_____ called.　그냥 전화해 봤어요.

(2) I know him w_____ .　나는 그를 잘 알아.

(3) She is v_____ beautiful.　그녀는 매우 아름다워.

(4) Do it b_____ you forget.　너는 잊기 전에 그것을 해라.

(5) He is a teacher. His father is a_____ a teacher.
그는 선생님이셔. 그의 아버지 또한 선생님이셔.

4 선으로 연결하여 그림에 알맞은 문장을 완성해 보세요.

(1) I will drink milk　•　•　and bananas.

(2) I like apples　•　•　or juice.

(3) I like apples　•　•　so I will go to bed early.

(4) I'm very tired,　•　•　but I don't like bananas.

1 다음을 잘 듣고, 그림과 일치하지 <u>않는</u> 것을 고르세요.

①  ②

③  ④

4 낱말을 잘 듣고, 그림에 알맞은 것을 고르세요.

① ② ③ ④

2 낱말을 잘 듣고, 해당하는 낱말을 찾아 동그라미하세요.

(1) butjustaround

(2) andafteralso

5 문장을 잘 듣고, 그림과 일치하는 것을 고르세요.

① ② ③ ④

3 낱말을 잘 듣고, 나머지 셋과 성격이 <u>다른</u> 것을 고르세요.

① ② ③ ④

6 그림에 알맞은 낱말을 주어진 알파벳으로 시작하여 쓰세요.

→ sit a_____ the table

7 그림을 보고 빈칸에 알맞은 낱말을 고르세요.

→ There were no buses, _____ we walked.

① and ② but ③ so ④ or

8 우리말 뜻에 맞도록 빈칸에 알맞은 낱말을 고르세요.

> 나는 피곤하지만 행복해.
> → I'm tired ___ happy.

① but ② and ③ or ④ so

9 퍼즐판의 빈칸에 알맞은 알파벳을 써넣은 후, 나타나는 낱말을 쓰세요.

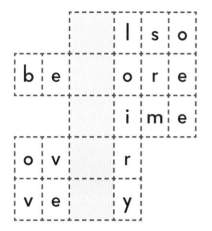

→ _____

10~11 우리말 뜻에 맞도록 낱말을 바르게 고쳐 쓰세요.

10 분 minite

→ _____

11 1시간 haur

→ _____

12 그저, 단지 jest

→ _____

주어진 문장을 따라 쓰고, 배운 낱말을 활용하여 문장을 완성해
보세요.

• 지나간 일 묻고 답하기

• I + 동사의
과거형(~ed) + ~.
: 나는 ~했어.

What did you do yesterday?

어제 뭐 했니?

I helped my mom.

나는 엄마를 도와 드렸어.

What did you do   ?

어제 뭐 했니?

I   .

나는 배드민턴을 쳤어.

• 요일 묻고 답하기

What day is it today?

오늘은 무슨 요일이에요?

It's Friday.

오늘은 금요일이야.

What day is it   ?

오늘은 무슨 요일이에요?

It's   .

오늘은 수요일이야.

• It's + 요일.
: 오늘은 ~요일이야.

• 가격 묻고 답하기

How much is it?
그거 얼마예요?

It's twenty dollars.
그것은 20달러입니다.

• dollar
: 달러(미국 화폐 단위)

그거 얼마예요?

It's _____ .
그것은 10달러입니다.

• 시간 묻고 답하기

• It's + 숫자 + o'clock.
: 지금은 ~시 정각이야.

What time is it?
몇 시니?

It's eleven o'clock.
지금은 11시야.

_____

몇 시니?

It's _____ .
지금은 2시야.

• 반복 요청하기

Jiho is handsome and also dresses well.
지호는 잘생기고 또한 옷을 잘 입어.

What?
뭐라고요?

• What? = Sorry? = Pardon?
: 다시 한번 이야기해 주시겠어요?

He is _____ .
그는 잘생기고 또한 옷을 잘 입어.

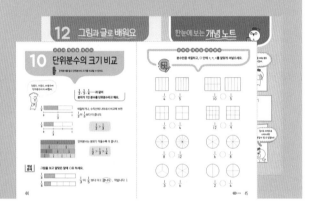

이젠교육 학습자료실

공식 홈페이지에서는 **<초잉 필수 영단어>**를
비롯한 **이젠교육 교재별 부가 자료**를 **무료**로
이용하실 수 있습니다.

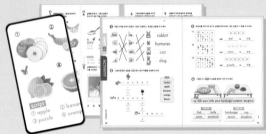

모바일 티칭자료

따라쓰기 연습장

1 **2**
3 **4**

Unit별 단어 테스트지

영단어 퍼즐 활동지

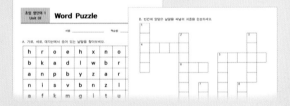

https://ezenedu.kr/

공식 카페

☑ **꾸준한 학습**

　<또공> 활동에 참여하세요!
　매주 학습 관리를 통해
　도서 한 권을 끝낼 수 있어요.

☑ **엄마표 정보 공유**

　서평단, 학습단, 서포터즈 등
　또래 맘들과 경험을 공유해요.

5종의 영어 교과서 단어를 1권으로 뚝딱!

초등잉글리쉬

초잉

필수 영단어

4학년 과정

dry 마른

together 함께

cheese 치즈

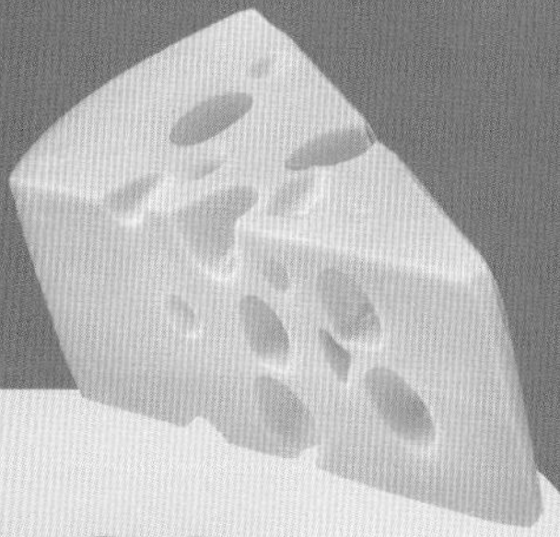

- WORKBOOK
- 정답 및 대본

5종의 영어 교과서 단어를 1권으로 뚝딱!

초등잉글리쉬

초잉

4학년
과정

필수 영단어

WORKBOOK

A 그림에 알맞은 낱말을 완성한 후, 완성된 낱말을 알맞은 상자에 써 보세요.

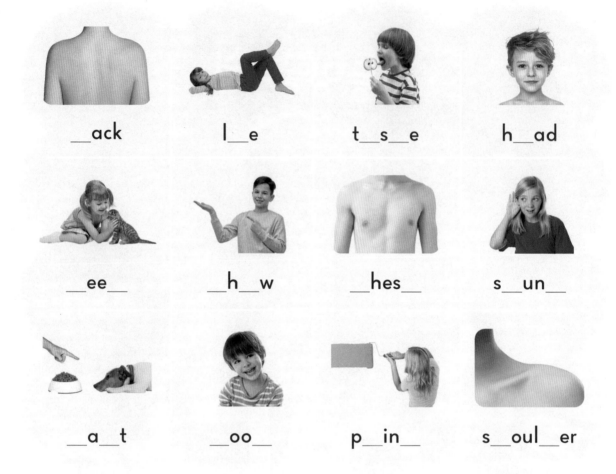

__ack l_e t_s_e h_ad

__ee__ _h_w _hes__ s__un__

__a_t _oo__ p_in__ s__oul_er

감각	신체	동작
taste		
feel		
sound		
look		

B 알파벳을 바르게 배열하여, 그림에 알맞은 단어를 써 보세요.

(1)  d y r ▶ _____

(2)  a d h r ▶ _____

(3)   d o u l ▶ _____

(4)  s f o t ▶ _____

(5)  e w t ▶ _____

(6)  a c t h w ▶ _____

(7)   i e u t q ▶ _____

(8)  l s e n t i ▶ _____

A 그림에 알맞은 낱말을 찾아 번호를 써넣으세요.

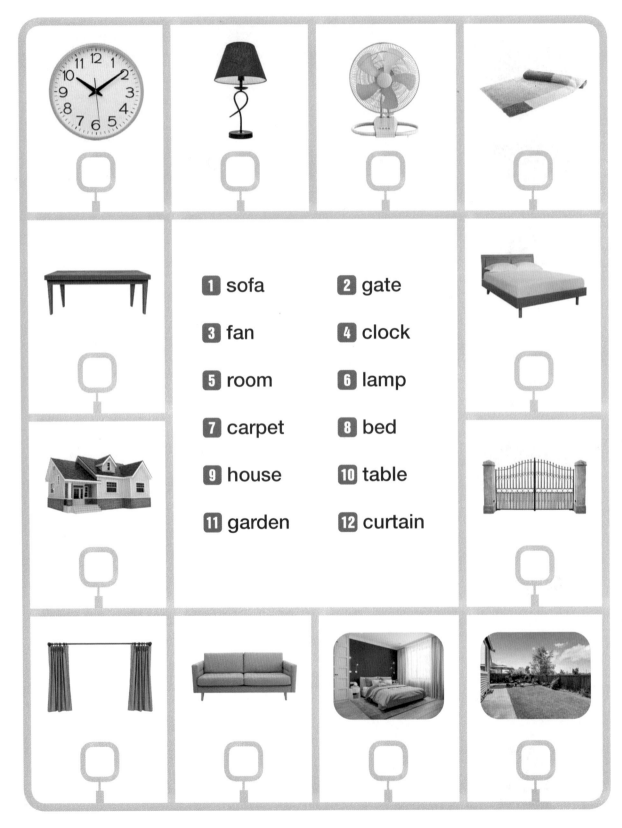

1	sofa	2	gate
3	fan	4	clock
5	room	6	lamp
7	carpet	8	bed
9	house	10	table
11	garden	12	curtain

B 그림에 알맞은 낱말을 써 보세요.

▲ 아버지

▲ 어머니

▲ 부모

▲ 할머니

▲ 삼촌

▲ 할아버지

▲ 이모, 고모

▲ 사촌

A 그림에 알맞은 낱말을 찾아 번호를 써넣으세요.

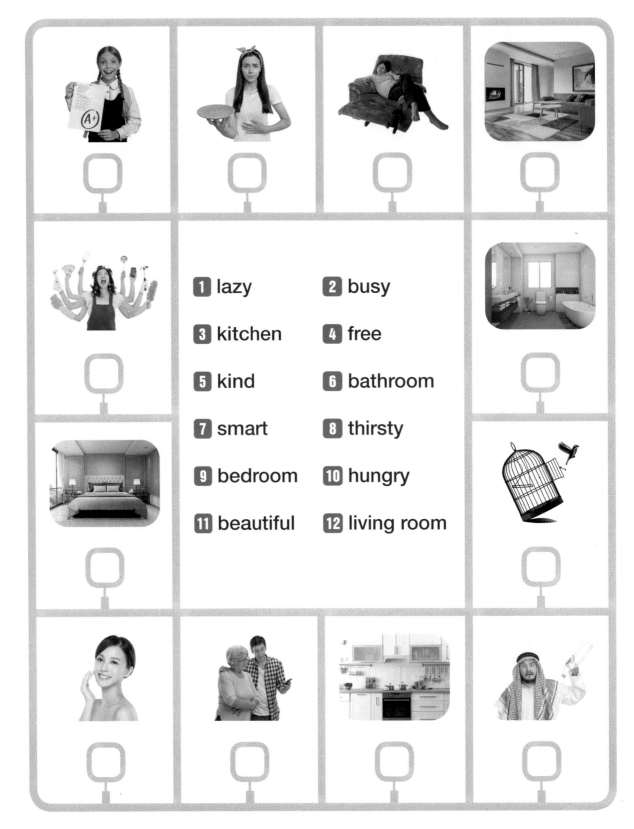

1 lazy   2 busy

3 kitchen   4 free

5 kind   6 bathroom

7 smart   8 thirsty

9 bedroom   10 hungry

11 beautiful   12 living room

B 알파벳을 바르게 배열하여, 그림에 알맞은 단어를 써 보세요.

(1)    a f t   ▶ _____

(2)    a l w l   ▶ _____

(3)    o r f o l   ▶ _____

(4)    h i n t   ▶ _____

(5)   r o d o   ▶ _____

(6)    w d i n o w   ▶ _____

(7)    a c r y z   ▶ _____

(8)    a f m o s u   ▶ _____

A 그림에 알맞은 낱말을 찾아 번호를 써넣으세요.

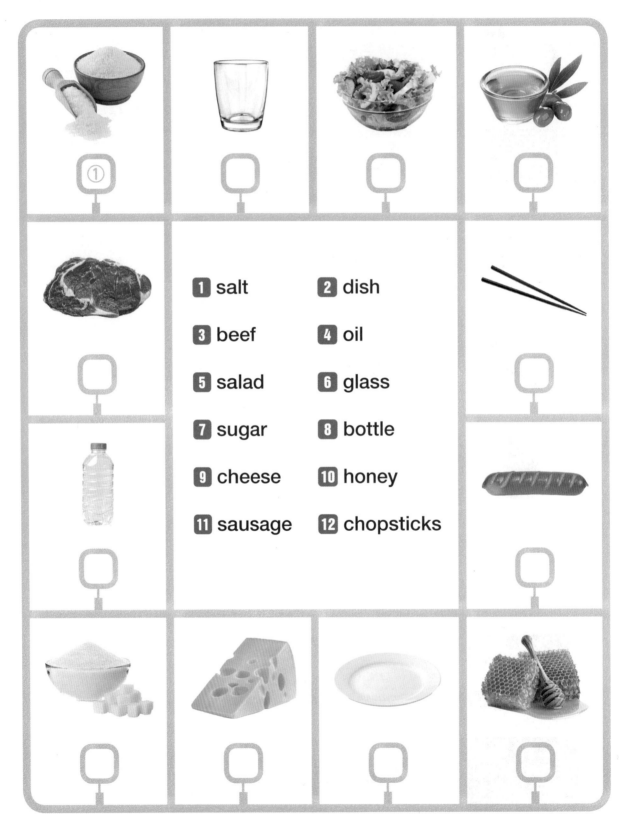

1 salt	**2** dish
3 beef	**4** oil
5 salad	**6** glass
7 sugar	**8** bottle
9 cheese	**10** honey
11 sausage	**12** chopsticks

B 그림에 알맞은 낱말을 써 보세요.

▲ 쌀, 밥

▲ 간식

▲ 국수

▲ 점심 식사

▲ 고기

▲ 저녁 식사

▲ 시리얼

▲ 아침 식사

A 그림에 알맞은 낱말을 찾아 번호를 써넣으세요.

1	ask	2	ice
3	chair	4	know
5	class	6	tea
7	desk	8	write
9	soda	10	learn
11	blackboard	12	lemonade

B 알파벳을 바르게 배열하여, 그림에 알맞은 단어를 써 보세요.

(1) 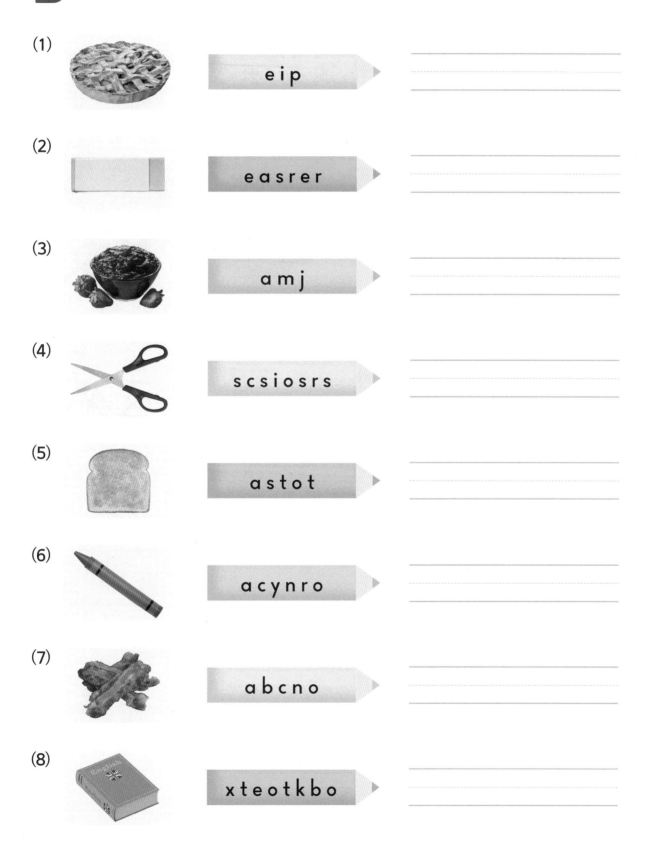 e i p ▶ _____

(2) e a s r e r ▶ _____

(3) a m j ▶ _____

(4) s c s i o s r s ▶ _____

(5) a s t o t ▶ _____

(6) a c y n r o ▶ _____

(7) a b c n o ▶ _____

(8) x t e o t k b o ▶ _____

그림에 알맞은 낱말을 완성한 후, 완성된 낱말을 알맞은 상자에 써 보세요.

__in__

t_e_

__a_h

__ol__

__ng__ish

f__o__er

b__ow__

__is__ory

b__n__h

g__a__

sc__en__e

__ic__cle

과목	공원	색, 색깔

B 그림에 알맞은 낱말을 써 보세요.

▲ 동아리

▲ 쉬운

▲ 구성원, 회원

▲ 답, 대답

▲ 무리, 그룹

▲ 어려운

▲ 함께 하다,
가입하다

▲ 문제

A 그림에 알맞은 낱말을 완성한 후, 완성된 낱말을 알맞은 상자에 써 보세요.

b___   __il_t   f_r_   __r_ist

_u_   __os__ital   _n_   __irefigh__er

l__b__ary   sp__d_r   m_se__m   p_lice offi__er

직업	장소	곤충

B 알파벳을 바르게 배열하여, 그림에 알맞은 단어를 써 보세요.

(1) 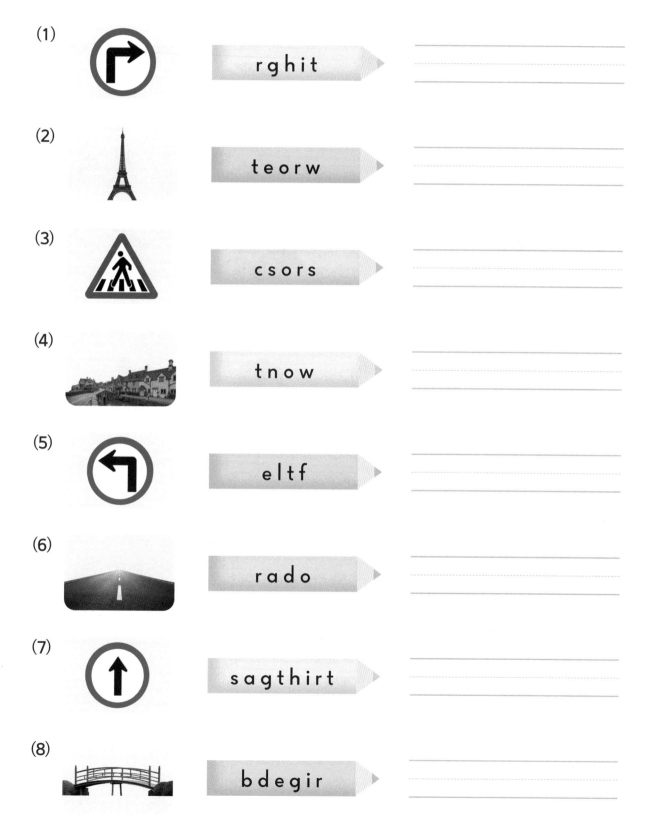 rghit

(2) teorw

(3) csors

(4) tnow

(5) eltf

(6) rado

(7) sagthirt

(8) bdegir

A 그림에 알맞은 낱말을 완성한 후, 완성된 낱말을 알맞은 상자에 써 보세요.

d _ e _ s

_ k _

f _ o _

_ h _ rt

_ i _

s _ ea _ er

p _ pp _

c _ ou _

t _ r _ le

r _ inbo _

j _ ck _ t

m _ u _ e

자연	동물	의류

B 그림에 알맞은 낱말을 써 보세요.

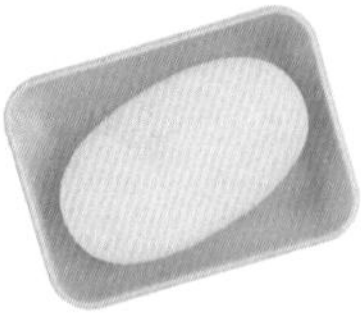

▲ 비누

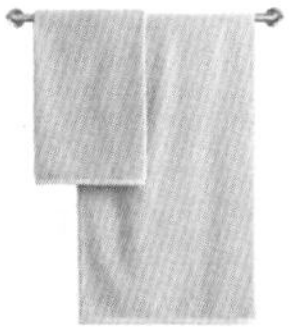

▲ 수건

▲ 샴푸

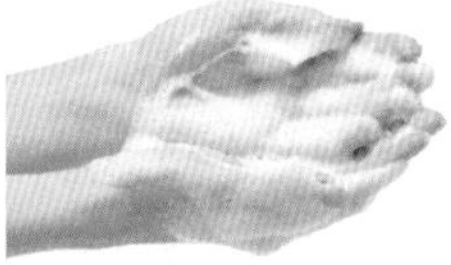

▲ 거품

▲ 돌

▲ 모래

▲ 바다

▲ 섬

A 그림에 알맞은 낱말을 찾아 번호를 써넣으세요.

1	music	2	save
3	card	4	fix
5	picture	6	event
7	movie	8	hurt
9	balloon	10	happen
11	cartoon	12	present

B   알파벳을 바르게 배열하여, 그림에 알맞은 단어를 써 보세요.

(1)    d y r

(2)   e s t

(3)    a w h s

(4)    e o j y n

(5)    a b h t

(6)   e i t n i v

(7)    e h o r s w

(8)   b g i n r

A 그림에 알맞은 낱말을 완성한 후, 완성된 낱말을 알맞은 상자에 써 보세요.

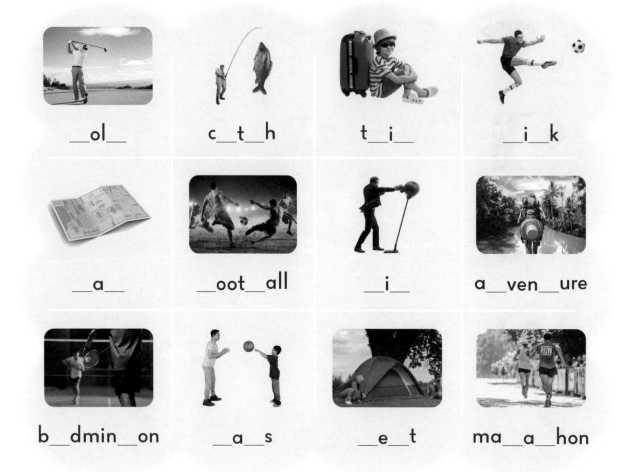

__ol__

c_t_h

t_i_

__i_k

__a__

__oot__all

_i_

a__ven__ure

b__dmin__on

__a_s

__e_t

ma__a__hon

동작	운동	여행, 모험

B 그림에 알맞은 낱말을 써 보세요.

▲ 카메라

▲ 말하다

▲ 사진첩, 앨범

▲ 떨어지다

▲ 캠프, 야영지

▲ 주다

▲ 소풍

▲ 짓다, 세우다

A 그림에 알맞은 낱말을 찾아 번호를 써넣으세요.

①

1 now	2 fall
3 today	4 late
5 tonight	6 winter
7 future	8 yesterday
9 spring	10 early
11 tomorrow	12 summer

B 알맞은 낱말을 넣어 문장을 완성해 보세요.

(1) **Today is** _____.
오늘은 수요일이다.

(2) **I work on** _____.
나는 화요일에 일한다.

(3) **I'm free on** _____.
나는 목요일에 한가하다.

(4) **Look at the** _____.
달력을 보세요.

(5) **I hate** _____ **mornings.**
나는 월요일 아침이 싫다.

(6) **I was at home on** _____.
난 일요일에 집에 있었다.

(7) **The party is on** _____ **evening.**
그 파티는 금요일 저녁에 있다.

(8) **Let's go on a picnic this** _____.
이번 토요일에 소풍가요.

A 그림에 알맞은 낱말을 완성한 후, 완성된 낱말을 알맞은 상자에 써 보세요.

__od__

f__u__t

__a__e

n___r

__ea__

__a__

m__n__

__igh__

__ege__able

__ea__y

__ki__

__e__sert

음식과 식사	신체와 정신	무게와 거리

B 그림에 알맞은 낱말을 써 보세요.

▲ 장난감

▲ 음식

▲ 직업

▲ 국가

▲ 패션, 유행

▲ 축제

▲ 버릇, 습관

▲ 취미

A 그림에 알맞은 낱말을 완성한 후, 완성된 낱말을 알맞은 상자에 써 보세요.

__il__

c__i__

__i__g

__i__s

__rin__e

__i__

__i__h

q__e__n

m__n__y

p__ince__s

h__n__

p___r

왕실	동작	돈, 재정

B 알파벳을 바르게 배열하여, 그림에 알맞은 단어를 써 보세요.

(1)  a f s t _____

(2)  d g o _____

(3)  a e l n o _____

(4)  e h o r _____

(5)  l o s w _____

(6) a e g l n _____

(7)  e t g h o e t r _____

(8)  m e s t o n r _____

A 그림에 알맞은 낱말을 골라 보세요.

(1)
a when
b who

(2)
a where
b why

(3)
a how
b when

(4)
a why
b what

(5)
a hope
b teach

(6)
a need
b hope
c teach

(7)
a think
b need
c teach

(8)
a much water
b many water
c little water

(9)
a much apples
b many apples
c little apples

(10)
a many food
b little food
c much food

B 알맞은 낱말을 넣어 문장을 완성해 보세요.

(1) I _____ a job.
나는 직장이 필요하다.

(2) Tell me _____ it.
그것에 대해 말해 줘.

(3) _____ I come in?
저 들어가도 될까요?

(4) _____ did you know that?
그걸 어떻게 알았니?

(5) _____ are you angry?
너는 왜 화가 났니?

(6) I _____ buy this dress.
나는 이 드레스를 살 것이다.

(7) I _____ play the piano.
나는 피아노를 연주할 수 있다.

(8) You _____ wake up early.
너는 반드시 일찍 일어나야 한다.

A 그림에 알맞은 낱말을 찾아 번호를 써넣으세요.

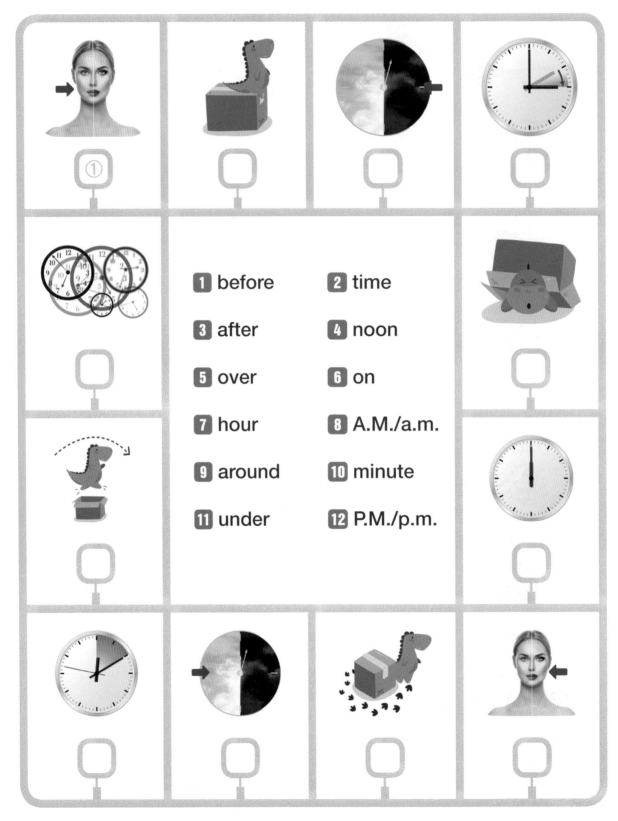

1 before   2 time

3 after   4 noon

5 over   6 on

7 hour   8 A.M./a.m.

9 around   10 minute

11 under   12 P.M./p.m.

B   알맞은 낱말을 넣어 문장을 완성해 보세요.

(1) I _____ like you.

나는 그냥 너를 좋아한다.

(2) Jiho is smart _____ tall.

지호는 똑똑하고 키가 크다.

(3) My father paints _____.

나의 아버지는 그림을 잘 그리신다.

(4) My car is old _____ nice.

내 차는 오래되었지만 좋다.

(5) This bag is _____ small.

이 가방은 매우 작다.

(6) I will eat pizza _____ spaghetti.

나는 피자나 스파게티를 먹을 것이다.

(7) I came home late, _____ my mom was angry.

내가 집에 늦게 와서 엄마는 화가 나셨다.

(8) She can speak Korean. She _____ can speak English.

그녀는 한국어를 할 수 있다. 그녀는 또한 영어를 할 수 있다.

초등 잉글리쉬

초잉

필수 영단어

4학년
과정

STUDENT BOOK

정답 및 대본

2 낱말에 알맞은 그림을 연결한 후, 따라 써 보세요.

back   head   chest   shoulder

sound   look   taste   feel

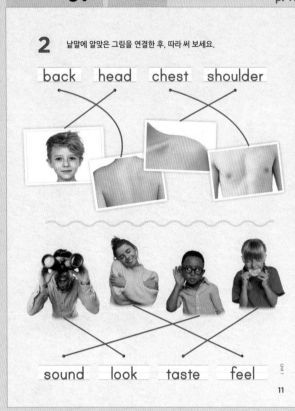

2 그림에 알맞은 낱말을 보기에서 찾아 써 보세요.

보기   dry   wet   quiet   loud

loud   quiet   wet   dry

3 낱말에 알맞은 그림을 연결한 후, 따라 써 보세요.

lie   soft   wait   hard

listen   paint   watch   show

pp. 14~15

UNIT 01 ACTIVITY

❶ 빈칸에 공통으로 들어갈 알파벳을 써 보세요.

(1) f e el   (2) d r y   (3) lo o k   (4) we t

tast e   lou d   s o und   quie t

e   d   o   t

❷ 그림에 알맞은 낱말을 찾아 동그라미하세요.

(1) weit / (wait) / waet

(2) peint / paent / (paint)

(3) shuw / (show) / shouw

(4) (lie) / lye / lai

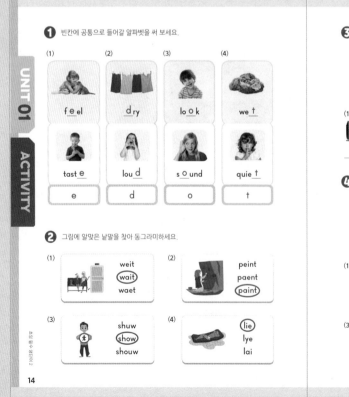

❸ 같은 색깔의 퍼즐 조각을 맞추어 그림에 알맞은 낱말을 써 보세요.

ha   ft   wa   ten

tch   lis   rd   so

(1) watch   (2) listen   (3) soft   (4) hard

❹ 표를 보고, 암호가 나타내는 낱말과 우리말 뜻을 써 보세요.

★	①	②	③	♥	④	⑤	⑥	♠	⑦	⑧	⑨	⑩
a	b	c	d	e	f	g	h	i	j	k	l	m

⑪	♣	⑫	⑬	⑭	⑮	⑯	♦	⑰	⑱	⑲	⑳	㉑
n	o	p	q	r	s	t	u	v	w	x	y	z

(1) ① ★ ② ⑧

낱말: back

뜻: 등

(2) ② ⑥ ♥ ⑮ ⑯

낱말: chest

뜻: 가슴

(3) ⑥ ♥ ★ ③

낱말: head

뜻: 머리

(4) ⑮ ⑥ ♦ ⑨ ③ ♥ ⑭

낱말: shoulder

뜻: 어깨

초등 필수 영단어 2

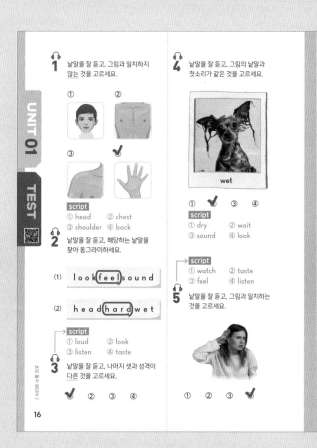

UNIT 01 TEST

1 낱말을 잘 듣고, 그림과 일치하지 않는 것을 고르세요.

① ② ③ ✓

script
① head ② chest
③ shoulder ④ back

2 낱말을 잘 듣고, 해당하는 낱말을 찾아 동그라미하세요.

(1) look (feel) sound

(2) head (hard) wet

script
① loud ② look
③ listen ④ taste

3 낱말을 잘 듣고, 나머지 셋과 성격이 다른 것을 고르세요.

✓ ② ③ ④

4 낱말을 잘 듣고, 그림의 낱말과 첫소리가 같은 것을 고르세요.

wet

script
① dry ② wait
③ sound ④ look

5 낱말을 잘 듣고, 그림과 일치하는 것을 고르세요.

① ② ③ ✓

6 그림에 알맞은 낱말을 주어진 알파벳으로 시작하여 쓰세요.

→ quiet

7 그림과 낱말이 어울리지 않는 것을 고르세요.

① lie ② paint
③ wait ✓ show

8 알파벳을 바르게 배열하여 그림에 알맞은 낱말을 쓰세요.

t a s t e

→ taste

9 퍼즐판의 빈칸에 알맞은 알파벳을 써넣은 후, 나타나는 낱말을 쓰세요.

b a c k
h e a d
f e e l
s o f t
w a t c h

→ chest

10~12 우리말 뜻에 맞도록 낱말을 바르게 고쳐 쓰세요.

10 어깨 shoalder
→ shoulder

11 듣다 lisen
→ listen

12 시끄러운 laud
→ loud

Unit 1

16   17

UNIT 02 SET A

p. 19

2 낱말에 알맞은 번호를 써넣고, 따라 써 보세요.

④ father   ② grandmother
⑥ uncle   ③ parents

sister | I | brother

⑦ aunt   ① grandfather
⑧ cousin   ⑤ mother

Unit 2

19

SET B

p. 21

2 각 물건에 해당하는 낱말을 보기에서 찾아 써 보세요.

보기   bed lamp curtain fan

bed   fan   lamp   curtain

3 낱말에 알맞은 그림을 연결한 후, 따라 써 보세요.

house   sofa   gate   table

clock   room   carpet   garden

Unit 2

21

정답

35

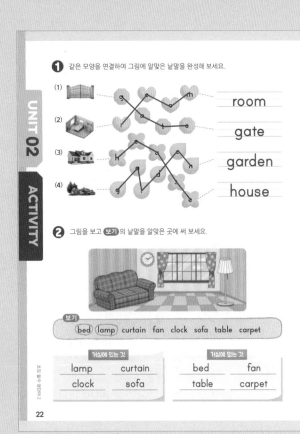

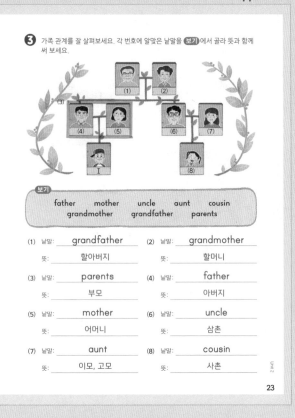

① 같은 모양을 연결하여 그림에 알맞은 낱말을 완성해 보세요.

(1) room
(2) gate
(3) garden
(4) house

② 그림을 보고 보기의 낱말을 알맞은 곳에 써 보세요.

보기: bed lamp curtain fan clock sofa table carpet

거실에 있는 것	
lamp	curtain
clock	sofa

거실에 없는 것	
bed	fan
table	carpet

③ 가족 관계를 잘 살펴보세요. 각 번호에 알맞은 낱말을 보기에서 골라 뜻과 함께 써 보세요.

보기: father mother uncle aunt cousin grandmother grandfather parents

(1) 낱말: grandfather
    뜻: 할아버지

(2) 낱말: grandmother
    뜻: 할머니

(3) 낱말: parents
    뜻: 부모

(4) 낱말: father
    뜻: 아버지

(5) 낱말: mother
    뜻: 어머니

(6) 낱말: uncle
    뜻: 삼촌

(7) 낱말: aunt
    뜻: 이모, 고모

(8) 낱말: cousin
    뜻: 사촌

22

23

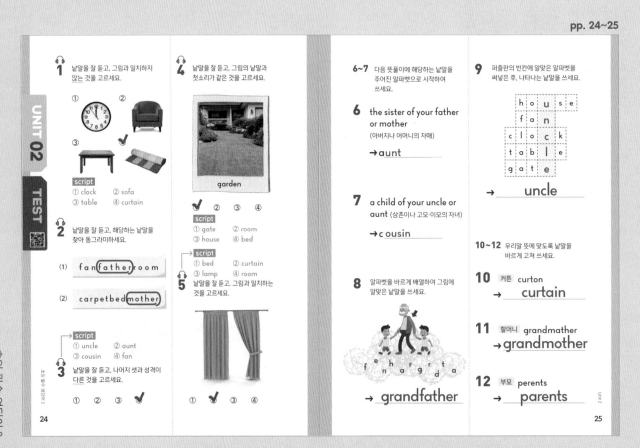

1 낱말을 잘 듣고, 그림과 일치하지 않는 것을 고르세요.

① ② ③✓ ④

script
① clock ② sofa
③ table ④ curtain

2 낱말을 잘 듣고, 해당하는 낱말을 찾아 동그라미하세요.

(1) fan【father】room
(2) carpetbed【mother】

script
① uncle ② aunt
③ cousin ④ fan

3 낱말을 잘 듣고, 나머지 셋과 성격이 다른 것을 고르세요.

① ② ③ ④✓

4 낱말을 잘 듣고, 그림의 낱말과 첫소리가 같은 것을 고르세요.

garden

①✓ ② ③ ④

script
① gate ② room
③ house ④ bed

script
① bed ② curtain
③ lamp ④ room

5 낱말을 잘 듣고, 그림과 일치하는 것을 고르세요.

① ②✓ ③ ④

6~7 다음 뜻풀이에 해당하는 낱말을 주어진 알파벳으로 시작하여 쓰세요.

6 the sister of your father or mother
(아버지나 어머니의 자매)
→ aunt

7 a child of your uncle or aunt (삼촌이나 고모·이모의 자녀)
→ cousin

8 알파벳을 바르게 배열하여 그림에 알맞은 낱말을 쓰세요.

f e h r r t a
f n a g d a

→ grandfather

9 퍼즐판의 빈칸에 알맞은 알파벳을 써넣은 후, 나타나는 낱말을 쓰세요.

h	o	u	s	e
	f	a	n	
c	l	o	c	k
t	a	b	l	e
g	a	t	e	

→ uncle

10~12 우리말 뜻에 맞도록 낱말을 바르게 고쳐 쓰세요.

10 커튼 curton
→ curtain

11 할머니 grandmather
→ grandmother

12 부모 perents
→ parents

24

25

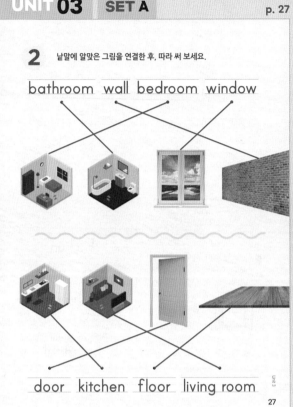

2 낱말에 알맞은 그림을 연결한 후, 따라 써 보세요.

bathroom　wall　bedroom　window

door　kitchen　floor　living room

Unit 3

27

2 그림에 알맞은 낱말을 보기에서 찾아 써 보세요.

보기　busy　free　hungry　thirsty

thirsty　hungry　busy　free

3 낱말에 알맞은 그림을 연결한 후, 따라 써 보세요.

kind　fat　smart　thin

crazy　lazy　famous　beautiful

Unit 3

29

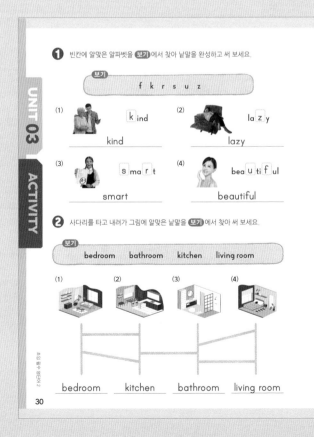

UNIT 03　ACTIVITY

1 빈칸에 알맞은 알파벳을 보기에서 찾아 낱말을 완성하고 써 보세요.

보기　f k r s u z

(1) k ind
kind

(2) la z y
lazy

(3) s m a r t
smart

(4) bea u ti f ul
beautiful

2 사다리를 타고 내려가 그림에 알맞은 낱말을 보기에서 찾아 써 보세요.

보기　bedroom　bathroom　kitchen　living room

(1)　(2)　(3)　(4)

bedroom　kitchen　bathroom　living room

초등 필수 영단어 2

30

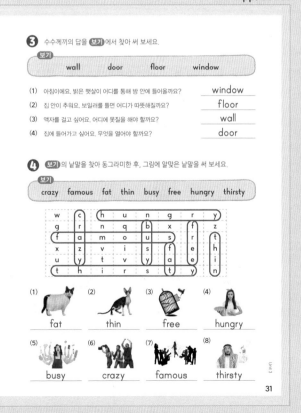

3 수수께끼의 답을 보기에서 찾아 써 보세요.

보기　wall　door　floor　window

(1) 아침이에요. 밝은 햇살이 어디를 통해 방 안에 들어올까요?　window
(2) 집 안이 추워요. 보일러를 틀면 어디가 따뜻해질까요?　floor
(3) 액자를 걸고 싶어요. 어디에 못질을 해야 할까요?　wall
(4) 집에 들어가고 싶어요. 무엇을 열어야 할까요?　door

4 보기의 낱말을 찾아 동그라미한 후, 그림에 알맞은 낱말을 써 보세요.

보기　crazy　famous　fat　thin　busy　free　hungry　thirsty

w	c	h	u	n	g	r	y
g	r	n	q	b	x	f	z
f	a	m	o	u	s	r	t
x	z	v	i	s	f	e	h
u	y	t	v	a	t	e	i
t	h	i	r	s	t	y	n

(1) fat
(2) thin
(3) free
(4) hungry
(5) busy
(6) crazy
(7) famous
(8) thirsty

Unit 3

31

정답

37

UNIT 03 TEST

1 낱말을 잘 듣고, 그림과 일치하지 <u>않는</u> 것을 고르세요.

① ② ③ ④✓

script
① bedroom ② bathroom
③ living room ④ chicken

2 낱말을 잘 듣고, 해당하는 낱말을 찾아 동그라미하세요.

(1) fat famous free

(2) door busy lazy

script
① door ② free
③ window ④ floor

3 낱말을 잘 듣고, 나머지 셋과 성격이 <u>다른</u> 것을 고르세요.

①✓ ② ③ ④

4 낱말을 잘 듣고, 그림의 낱말과 첫소리가 같은 것을 고르세요.

thirsty

① ② ③✓ ④

script
① wall ② fat
③ thin ④ smart

script
① kind ② crazy
③ famous ④ lazy

5 낱말을 잘 듣고, 그림과 일치하는 것을 고르세요.

①✓ ② ③ ④

6 그림에 알맞은 낱말을 주어진 알파벳으로 시작하여 쓰세요.

→ hungry

7 짝지어진 낱말 중 서로 반대되는 말을 고르세요.

①✓ fat – thin
② thirsty – lazy
③ busy – smart
④ crazy – famous

8 알파벳을 바르게 배열하여 그림에 알맞은 낱말을 쓰세요.

n i w
o
d

→ window

9 퍼즐판의 빈칸에 알맞은 알파벳을 써넣은 후, 나타나는 낱말을 쓰세요.

b	u	s	y	
f	a	m	o	u	s
	w	a	l	l
c	r	a	z	y
	t	h	i	n

→ smart

10~12 우리말 뜻에 맞도록 낱말을 바르게 고쳐 쓰세요.

10 부엌, 주방 kitchin
→ kitchen

11 욕실 batsroom
→ bathroom

12 아름다운 beoutiful
→ beautiful

32

33

UNIT 04 SET A

p. 35

2 낱말에 알맞은 그림을 연결한 후, 따라 써 보세요.

glass dish chopsticks bottle

lunch dinner snack breakfast

35

SET B

p. 37

2 자신이 가장 좋아하는 음식부터 순서대로 써 보세요.

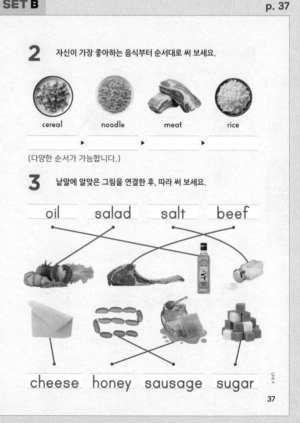

cereal noodle meat rice

_____ ▶ _____ ▶ _____ ▶ _____

(다양한 순서가 가능합니다.)

3 낱말에 알맞은 그림을 연결한 후, 따라 써 보세요.

oil salad salt beef

cheese honey sausage sugar

37

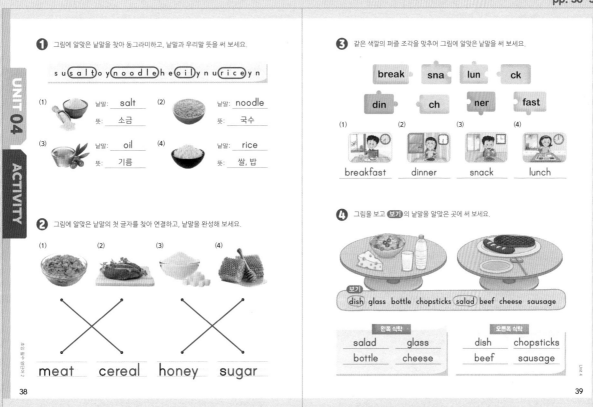

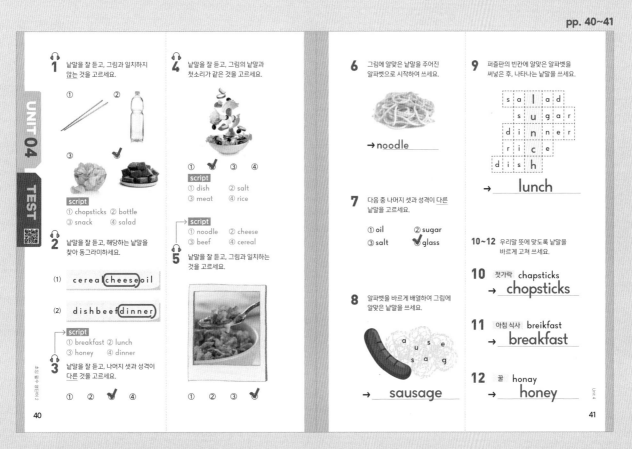

2 낱말에 알맞은 그림을 연결한 후, 따라 써 보세요.

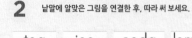

tea　ice　soda　lemonade

pie　bacon　jam　toast

Unit 5
43

2 그림에 알맞은 낱말을 보기 에서 찾아 써 보세요.

보기　ask　learn　know　write

write　ask　learn　know

3 낱말에 알맞은 그림을 연결한 후, 따라 써 보세요.

crayon　desk　scissors　textbook

class　eraser　blackboard　chair

Unit 5
45

UNIT 05 | ACTIVITY

1 친구들에게 필요한 것을 보기 에서 찾아 써 보세요.

보기　crayon　eraser　scissors　textbook

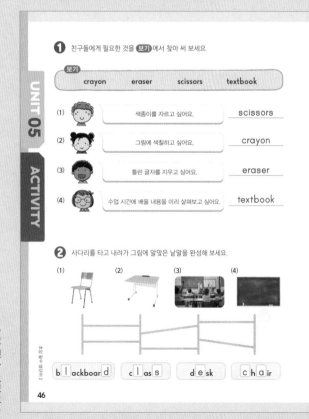

(1) 색종이를 자르고 싶어요.　scissors

(2) 그림에 색칠하고 싶어요.　crayon

(3) 틀린 글자를 지우고 싶어요.　eraser

(4) 수업 시간에 배울 내용을 미리 살펴보고 싶어요.　textbook

2 사다리를 타고 내려가 그림에 알맞은 낱말을 완성해 보세요.

(1)　(2)　(3)　(4)

b l ackboard　c l ass　d e sk　ch a ir

3 그림에 알맞은 낱말을 찾아 동그라미한 후, 써 보세요.

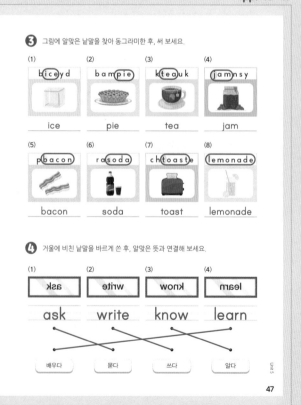

(1) b i c e y d　ice
(2) b a m p i e　pie
(3) k t e a u k　tea
(4) j a m n s y　jam

(5) p b a c o n　bacon
(6) r a s o d a　soda
(7) c h t o a s t e　toast
(8) l e m o n a d e　lemonade

4 거울에 비친 낱말을 바르게 쓴 후, 알맞은 뜻과 연결해 보세요.

(1) ask　(2) write　(3) know　(4) learn

ask　write　know　learn

배우다　묻다　쓰다　알다

Unit 5
47

초의 필수 영단어 2
46

40

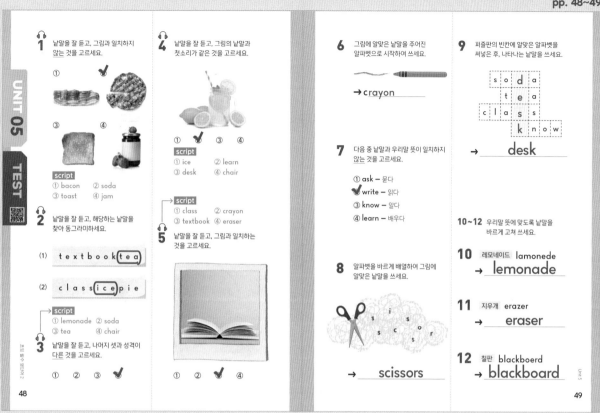

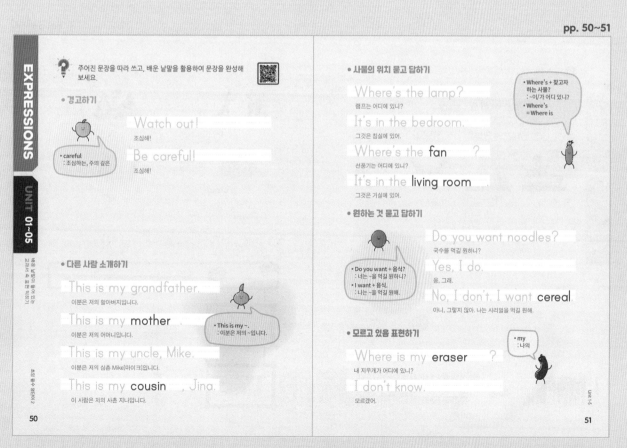

2 낱말에 알맞은 뜻을 연결한 후, 따라 써 보세요.

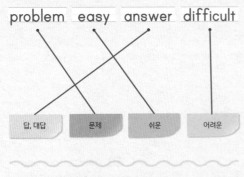

problem　easy　answer　difficult

답, 대답　문제　쉬운　어려운

무리, 그룹　함께 하다, 가입하다　구성원, 회원　동아리

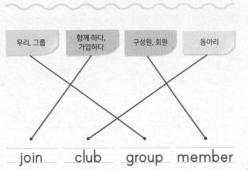

join　club　group　member

Unit 6
53

2 자신이 가장 좋아하는 과목부터 순서대로 써 보세요.

English　history　math　science

(다양한 순서가 가능합니다.)

3 낱말에 알맞은 그림을 연결한 후, 따라 써 보세요.

tree　pink　bench　gray

gold　flower　brown　bicycle

Unit 6
55

UNIT 06　ACTIVITY

❶ 같은 색깔의 퍼즐 조각을 맞추어 그림에 알맞은 낱말을 써 보세요.

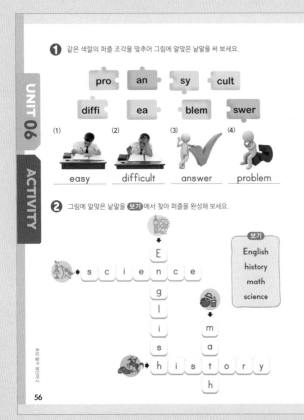

pro　an　sy　cult

diffi　ea　blem　swer

(1) easy　(2) difficult　(3) answer　(4) problem

❷ 그림에 알맞은 낱말을 보기 에서 찾아 퍼즐을 완성해 보세요.

보기
English
history
math
science

E
s c i e n c e
g
l
i
s　　m
　　　a
h i s t o r y
　　　h

❸ 알파벳을 바르게 배열하여 그림에 알맞은 낱말을 써 보세요.

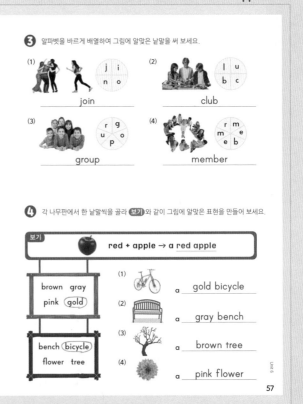

(1) j i n o → join

(2) l u b c → club

(3) r g u p → group

(4) r m e b → member

❹ 각 나무판에서 한 낱말씩을 골라 보기 와 같이 그림에 알맞은 표현을 만들어 보세요.

보기
red + apple → a red apple

brown　gray
pink　gold

bench　bicycle
flower　tree

(1) a gold bicycle

(2) a gray bench

(3) a brown tree

(4) a pink flower

Unit 6
57

초등 필수 영단어 2
56

초등 필수 영단어 2

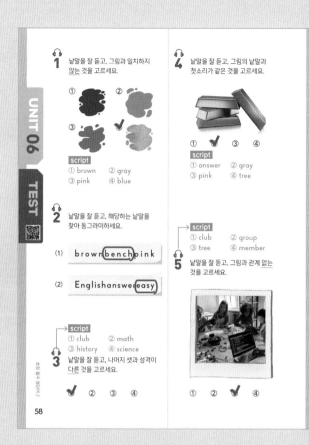

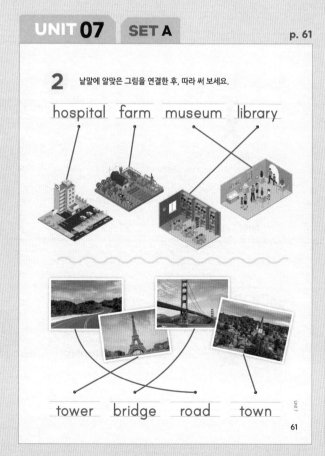

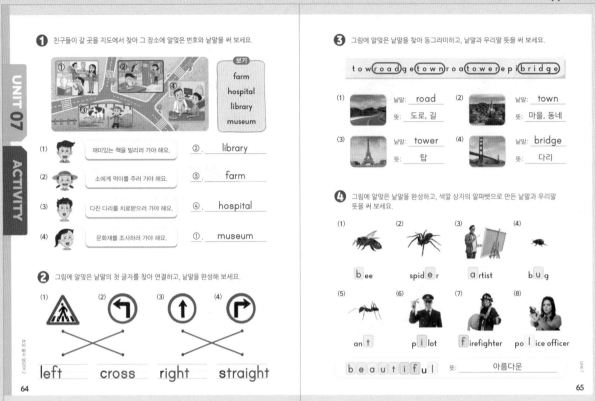

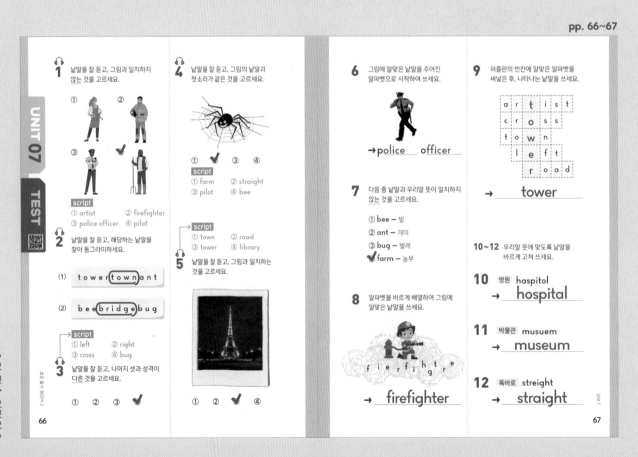

2 낱말에 알맞은 그림을 연결한 후, 따라 써 보세요.

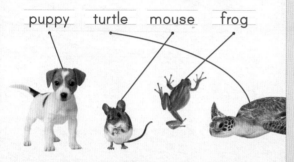

puppy　turtle　mouse　frog

rainbow　cloud　sky　air

Unit 8
69

2 자신이 가장 갖고 싶은 옷부터 순서대로 써 보세요.

dress　jacket　shirt　sweater

▶　　▶　　▶

(다양한 순서가 가능합니다.)

3 낱말에 알맞은 그림을 연결한 후, 따라 써 보세요.

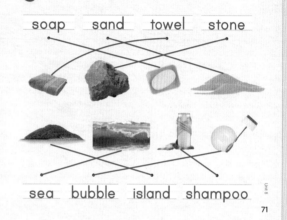

soap　sand　towel　stone

sea　bubble　island　shampoo

Unit 8
71

pp. 72~73

UNIT 08 / ACTIVITY

1 빈칸에 공통으로 들어갈 알파벳을 써 보세요.

(1) sa n d　(2) towe l　(3) s ea　(4) soa p
sto n e　bubb l e　i s land　sham p oo

n　l　s　p

2 그림에 알맞은 낱말을 찾아 동그라미하세요.

(1) shart / shert / (shirt)
(2) (jacket) / jackit / jeckit
(3) swaeter / (sweater) / sweatar
(4) drass / drese / (dress)

초등 필수 영단어 2
72

3 같은 색깔의 퍼즐 조각을 맞추어 그림에 알맞은 낱말을 써 보세요.

py　mou　pup　tle
og　tur　fr　se

(1) turtle　(2) frog　(3) mouse　(4) puppy

4 표를 보고, 암호가 나타내는 낱말과 우리말 뜻을 써 보세요.

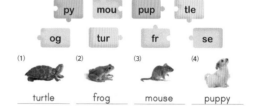

★	①	②	③	♥	④	⑤	⑥	♠	⑦	⑧	⑨	⑩
a	b	c	d	e	f	g	h	i	j	k	l	m

⑪	♣	⑫	⑬	⑭	⑮	⑯	◆	⑰	⑱	⑲	⑳	㉑
n	o	p	q	r	s	t	u	v	w	x	y	z

(1) ★ ♠ ⑭
낱말: air
뜻: 공기

(2) ② ⑨ ♣ ◆ ③
낱말: cloud
뜻: 구름

(3) ⑮ ⑧ ⑳
낱말: sky
뜻: 하늘

(4) ⑭ ★ ⑪ ① ⑱
낱말: rainbow
뜻: 무지개

Unit 8
73

정답

45

UNIT 08 | TEST

1 낱말을 잘 듣고, 그림과 일치하지 <u>않는</u> 것을 고르세요.

① ② ③✓ ④

script
① frog　② turtle
③ mouse　④ puppy

2 낱말을 잘 듣고, 해당하는 낱말을 찾아 동그라미하세요.

(1) se a s k y s and

(2) s o a p a i r m ouse

script
① jacket　② dress
③ sweater　④ soap

3 낱말을 잘 듣고, 나머지 셋과 성격이 <u>다른</u> 것을 고르세요.

① ② ③✓

초3 필수 영단어 2 / Unit 8

4 낱말을 잘 듣고, 그림의 낱말과 첫소리가 같은 것을 고르세요.

①✓ ② ③ ④

script
① sea　② shampoo
③ bubble　④ towel

script
① frog　② sand
③ island　④ stone

5 낱말을 잘 듣고, 그림과 일치하는 것을 고르세요.

① ②✓ ④

74

6 그림에 알맞은 낱말을 주어진 알파벳으로 시작하여 쓰세요.

→ rainbow

7 다음 중 나머지 셋과 성격이 다른 낱말을 고르세요.

① sea　②✓ stone
③ island　④✓ soap

8 알파벳을 바르게 배열하여 그림에 알맞은 낱말을 쓰세요.

→ dress

9 퍼즐판의 빈칸에 알맞은 알파벳을 써넣은 후, 나타나는 낱말을 쓰세요.

j a c k e t
b u b b l e
m o u s e
p u p p y
s a n d

→ cloud

10~12 우리말 뜻에 맞도록 낱말을 바르게 고쳐 쓰세요.

10 스웨터 sweeter
→ sweater

11 수건 tawel
→ towel

12 거북이 turttle
→ turtle

Unit 8

75

UNIT 09 **SET A**

2 낱말에 알맞은 그림을 연결한 후, 따라 써 보세요.

hurt　fix　happen　save

card　balloon　event　present

Unit 9

77

SET B p. 79

2 자신이 가장 좋아하는 것부터 순서대로 써 보세요.

movie　music　picture　cartoon

(다양한 순서가 가능합니다.)

3 낱말에 알맞은 그림을 연결한 후, 따라 써 보세요.

wash　set　bath　enjoy

bring　dry　invite　shower

Unit 9

79

초3의 필수 영단어 2

46

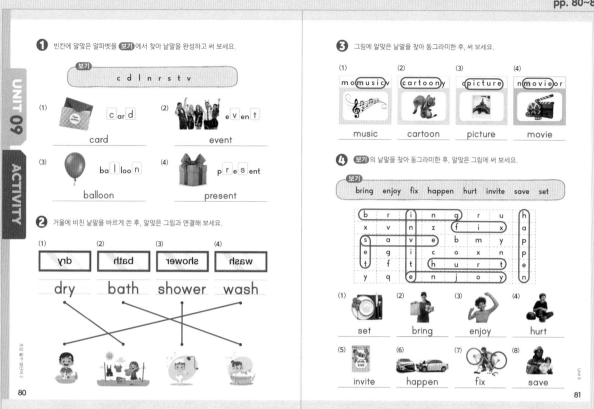

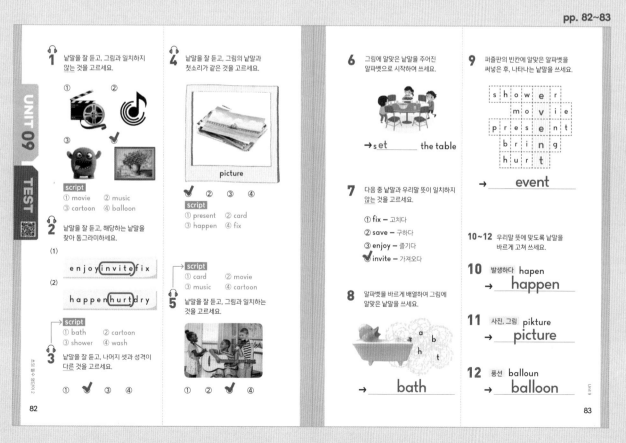

2 낱말에 알맞은 그림을 연결한 후, 따라 써 보세요.

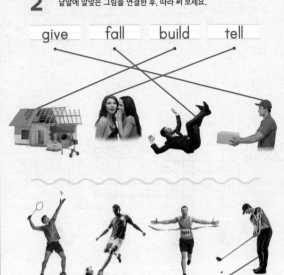

give   fall   build   tell

football   marathon   golf   badminton

Unit 10
85

2 그림에 알맞은 낱말을 보기 에서 찾아 써 보세요.

보기   catch   hit   kick   pass

pass   hit   catch   kick

3 낱말에 알맞은 뜻을 연결한 후, 따라 써 보세요.

map   tent   trip   adventure

텐트   여행   모험   지도

사진첩, 앨범   소풍   카메라   캠프, 야영지

picnic   camera   camp   album

Unit 10
87

pp. 88~89

① 각 운동용품을 관련 있는 운동과 낱말에 연결하고, 써 보세요.

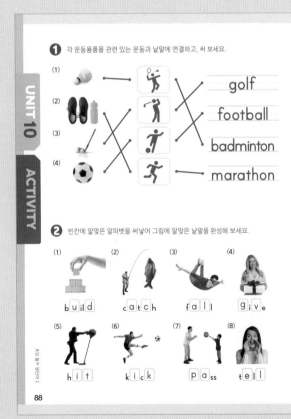

(1)
(2)
(3)
(4)

golf
football
badminton
marathon

② 빈칸에 알맞은 알파벳을 써넣어 그림에 알맞은 낱말을 완성해 보세요.

(1) b u i l d   (2) c a t c h   (3) f a l l   (4) g i v e

(5) h i t   (6) k i c k   (7) p a ss   (8) t e l l

초등 필수 영단어 2
88

③ 화살표를 따라가며 숨겨진 낱말을 찾아보세요. 찾은 낱말과 그 뜻을 써 보세요.

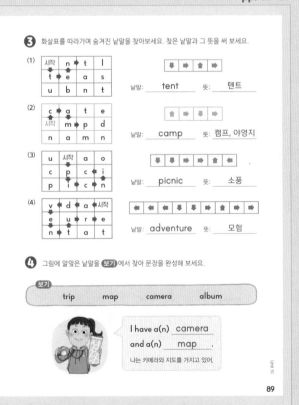

(1)
시작 n	t	l
t e	a	s
u	b	n	t

낱말: tent   뜻: 텐트

(2)
c	a	t	e
시작 m	p	d
n	a	m	n

낱말: camp   뜻: 캠프, 야영지

(3)
u	시작 a	o
c	p	c	i
p	i	c	n

낱말: picnic   뜻: 소풍

(4)
v	d	a	시작
e	u	r	e
n	t	a	t

낱말: adventure   뜻: 모험

④ 그림에 알맞은 낱말을 보기 에서 찾아 문장을 완성해 보세요.

보기   trip   map   camera   album

I have a(n) camera
and a(n) map .

나는 카메라와 지도를 가지고 있어.

Unit 10
89

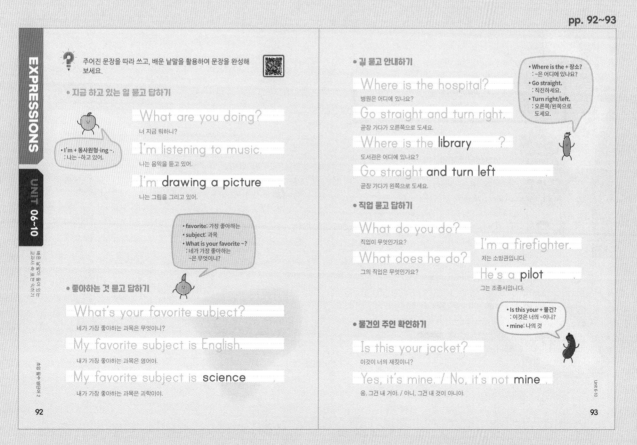

2 낱말에 알맞은 뜻 또는 그림을 연결한 후, 따라 써 보세요.

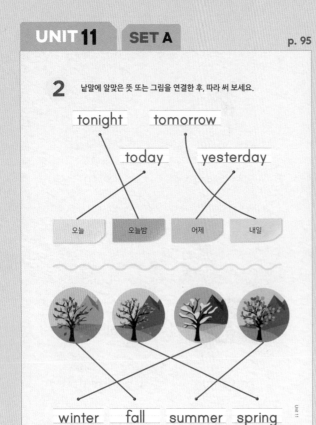

tonight　tomorrow

today　yesterday

오늘　오늘밤　어제　내일

winter　fall　summer　spring

2 그림에 알맞은 낱말을 보기에서 찾아 써 보세요.

보기　early　late　now　future

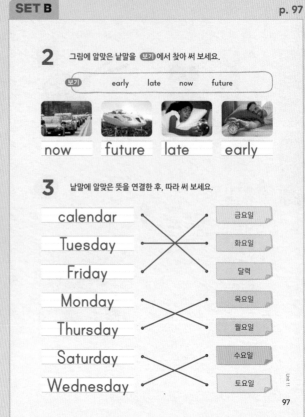

now　future　late　early

3 낱말에 알맞은 뜻을 연결한 후, 따라 써 보세요.

calendar　　금요일

Tuesday　　화요일

Friday　　달력

Monday　　목요일

Thursday　　월요일

Saturday　　수요일

Wednesday　　토요일

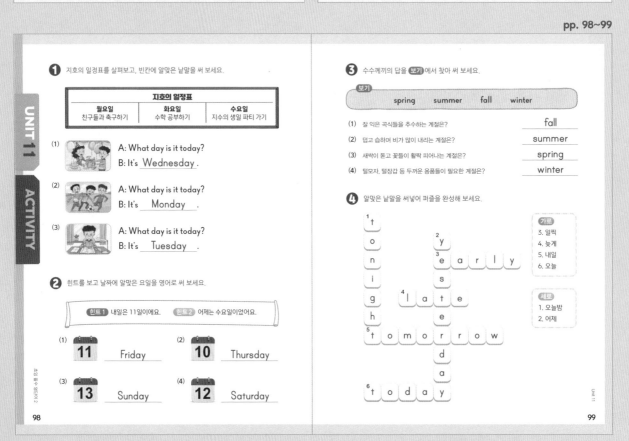

1 지호의 일정표를 살펴보고, 빈칸에 알맞은 낱말을 써 보세요.

지호의 일정표		
월요일 친구들과 축구하기	**화요일** 수학 공부하기	**수요일** 지수의 생일 파티 가기

(1) A: What day is it today?
　　B: It's _Wednesday_.

(2) A: What day is it today?
　　B: It's _Monday_.

(3) A: What day is it today?
　　B: It's _Tuesday_.

2 힌트를 보고 날짜에 알맞은 요일을 영어로 써 보세요.

힌트 1 내일은 11일이에요.　힌트 2 어제는 수요일이었어요.

(1) 11 _Friday_　(2) 10 _Thursday_

(3) 13 _Sunday_　(4) 12 _Saturday_

3 수수께끼의 답을 보기에서 찾아 써 보세요.

보기　spring　summer　fall　winter

(1) 잘 익은 곡식들을 추수하는 계절은?　_fall_

(2) 덥고 습하며 비가 많이 내리는 계절은?　_summer_

(3) 새싹이 돋고 꽃들이 활짝 피어나는 계절은?　_spring_

(4) 털모자, 털장갑 등 두꺼운 용품들이 필요한 계절은?　_winter_

4 알맞은 낱말을 써넣어 퍼즐을 완성해 보세요.

가로
3. 일찍
4. 늦게
5. 내일
6. 오늘

세로
1. 오늘밤
2. 어제

¹t
o
n　　²y
i　³e a r l y
g　　s
h　⁴l a t e
⁵t o m o r r o w
　　d
　　a
⁶t o d a y

UNIT 11 | TEST

1 낱말을 잘 듣고, 그림과 일치하지 않는 것을 고르세요.

① ② ③ ④

script
① spring ② summer
③ winter ④ fall

2 낱말을 잘 듣고, 해당하는 낱말을 찾아 동그라미하세요.

(1) tonight (now) early

(2) fall (future) late

script
① Monday ② Tuesday
③ Wednesday

3 낱말을 잘 듣고, 나머지 셋과 성격이 다른 것을 고르세요.

① ② ③ ✔

4 낱말을 잘 듣고, 그림의 낱말과 첫소리가 같은 것을 고르세요.

tonight

✔ ② ③ ④

script
① tomorrow ② Friday
③ Saturday ④ late

script
① Saturday ② Thursday
③ Tuesday ④ Wednesday

5 낱말을 잘 듣고, 달력에 표시된 요일과 일치하는 것을 고르세요.

일	월	화	수	목	금	토
			1	2	3	4
5	6	7	8	⑨	10	11
12	13	14	15	16	17	18
19	20	21	22	23	24	25
26	27	28	29	30		

① ✔ ③ ④

100

6 그림에 알맞은 낱말을 주어진 알파벳으로 시작하여 쓰세요.

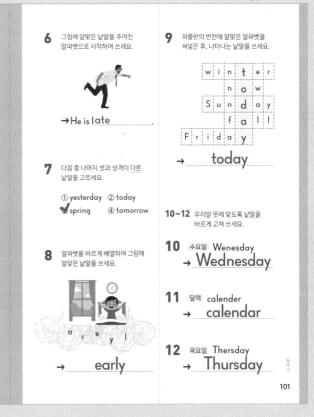

→ He is late .

7 다음 중 나머지 셋과 성격이 다른 낱말을 고르세요.

① yesterday ② today
✔ spring ④ tomorrow

8 알파벳을 바르게 배열하여 그림에 알맞은 낱말을 쓰세요.

a r e y l

→ early

9 퍼즐판의 빈칸에 알맞은 알파벳을 써넣은 후, 나타나는 낱말을 쓰세요.

w	i	n	t	e	r
		n	o	w	
S	u	n	d	a	y
			f	a	l	l
F	r	i	d	a	y

→ today

10~12 우리말 뜻에 맞도록 낱말을 바르게 고쳐 쓰세요.

10 수요일 Wenesday
→ Wednesday

11 달력 calender
→ calendar

12 목요일 Thersday
→ Thursday

Unit 11

101

UNIT 12 | SET A

p. 103

2 낱말에 알맞은 그림을 연결한 후, 따라 써 보세요.

dessert   meal   vegetable   fruit

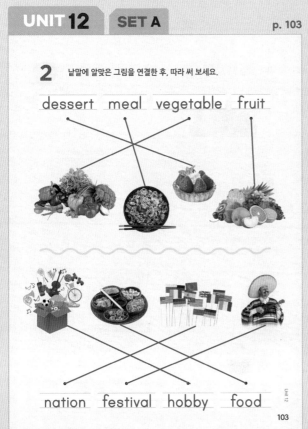

nation   festival   hobby   food

Unit 12

103

SET B

p. 105

2 그림에 알맞은 낱말을 보기에서 찾아 써 보세요.

보기   heavy   (light)   far   near

light   heavy   far   near

3 낱말에 알맞은 그림을 연결한 후, 따라 써 보세요.

skin   face   toy   job

body   fashion   mind   habit

Unit 12

105

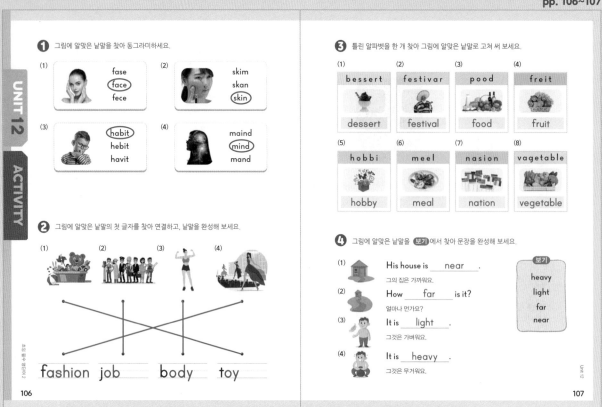

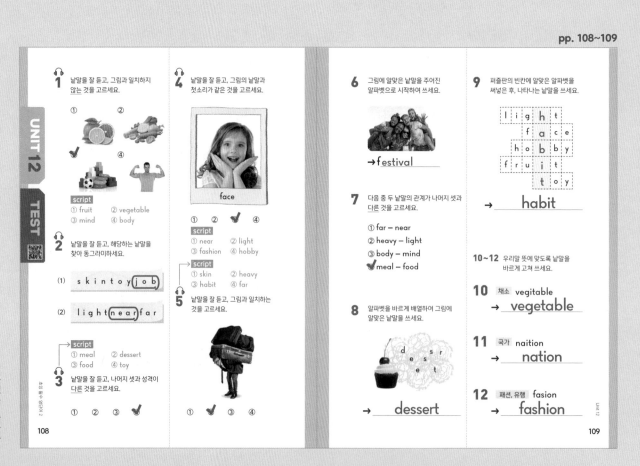

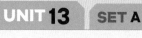
2 낱말에 알맞은 뜻을 연결한 후, 따라 써 보세요.

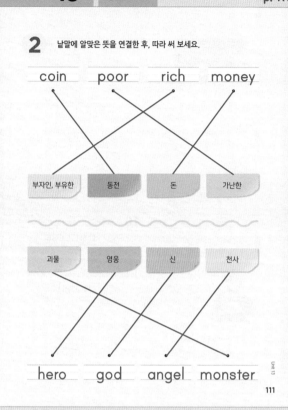

coin   poor   rich   money

부자인, 부유한   동전   돈   가난한

괴물   영웅   신   천사

hero   god   angel   monster

Unit 13

111

2 그림에 알맞은 낱말을 보기에서 찾아 써 보세요.

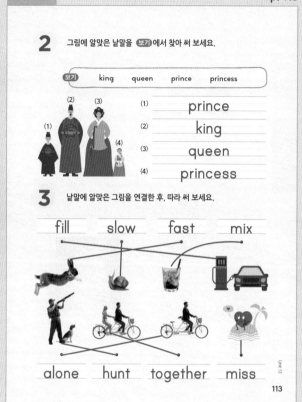

보기   king   queen   prince   princess

(1) prince
(2) king
(3) queen
(4) princess

3 낱말에 알맞은 그림을 연결한 후, 따라 써 보세요.

fill   slow   fast   mix

alone   hunt   together   miss

Unit 13

113

UNIT 13 | ACTIVITY

1 그림에 알맞게 밑줄 친 부분을 바르게 고쳐 써 보세요.

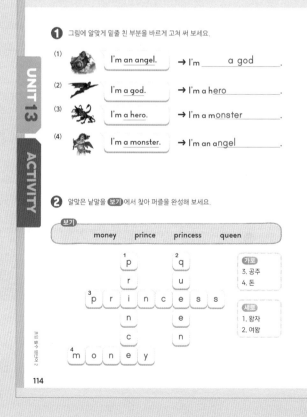

(1) I'm an angel. → I'm ____a god____.

(2) I'm a god. → I'm a h__ero__.

(3) I'm a hero. → I'm a m__onster__.

(4) I'm a monster. → I'm an a__ngel__.

2 알맞은 낱말을 보기에서 찾아 퍼즐을 완성해 보세요.

보기   money   prince   princess   queen

```
      1             2
      p             q
      r             u
  3 p r i n c e s s
      n             e
      c             e
                    n
  4 m o n e y
```

가로
3. 공주
4. 돈

세로
1. 왕자
2. 여왕

초등 필수 영단어 2

114

3 알파벳을 바르게 배열하여 그림에 알맞은 낱말을 써 보세요.

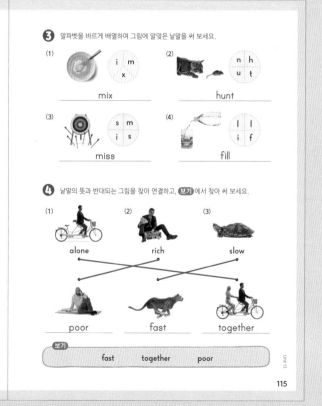

(1) i m x → mix

(2) n h u t → hunt

(3) s m i s → miss

(4) l l i f → fill

4 낱말의 뜻과 반대되는 그림을 찾아 연결하고, 보기에서 찾아 써 보세요.

(1) alone   (2) rich   (3) slow

poor   fast   together

보기   fast   together   poor

Unit 13

115

정답

53

UNIT 13 / **TEST**

1 낱말을 잘 듣고, 그림과 일치하지 않는 것을 고르세요.

① ② ③✓ ④

script
① angel ② god
③ monster ④ princess

2 낱말을 잘 듣고, 해당하는 낱말을 찾아 동그라미하세요.

(1) mis s(mix)money

(2) ange(l alone)slow

script
① hero ② king
③ queen ④ prince

3 낱말을 잘 듣고, 나머지 셋과 성격이 다른 것을 고르세요.

①✓ ② ③ ④

4 낱말을 잘 듣고, 그림의 낱말과 첫소리가 같은 것을 고르세요.

① ② ③ ④✓

script
① money ② coin
③ rich ④ prince

script
① hunt ② mix
③ fill ④ miss

5 낱말을 잘 듣고, 그림과 일치하는 것을 고르세요.

① ② ③✓ ④

116

6 그림에 알맞은 낱말을 주어진 알파벳으로 시작하여 쓰세요.

→ hunt

7 다음 중 두 낱말의 관계가 나머지 셋과 다른 것을 고르세요.

① poor – rich
② fast – slow
③✓ money – coin
④ alone – together

8 알파벳을 바르게 배열하여 그림에 알맞은 낱말을 쓰세요.

→ queen

9 퍼즐판의 빈칸에 알맞은 알파벳을 써넣은 후, 나타나는 낱말을 쓰세요.

f a s t
k i n g
g o d
h e r o
f i l l

→ angel

10~12 우리말 뜻에 맞도록 낱말을 바르게 고쳐 쓰세요.

10 공주 princes
→ princess

11 괴물 monstar
→ monster

12 놓치다 mis
→ miss

117

UNIT 14 **SET A** p. 119

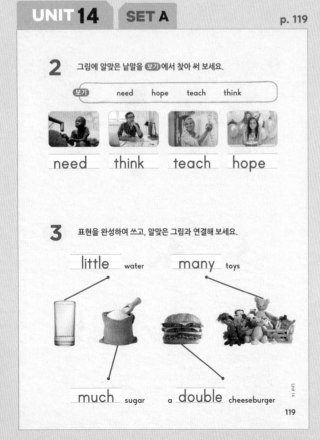

2 그림에 알맞은 낱말을 보기에서 찾아 써 보세요.

보기 need hope teach think

need think teach hope

3 표현을 완성하여 쓰고, 알맞은 그림과 연결해 보세요.

little water   many toys

much sugar   a double cheeseburger

119

SET B p. 121

2 우리말과 같은 뜻이 되도록 보기에서 알맞은 낱말을 찾아 써 보세요.

보기 can may must will What Who When Where

(1) Who is she?
그녀는 누구니?

(2) I can swim.
나는 수영을 할 수 있어.

(3) Where are you?
어디에 있니?

(4) We must stop here.
우리는 여기서 멈춰야 해.

(5) What is your name?
네 이름은 뭐니?

(6) You may come in.
들어오셔도 됩니다.

(7) When is your birthday?
네 생일은 언제니?

(8) They will learn English.
그들은 영어를 배울 것이다.

121

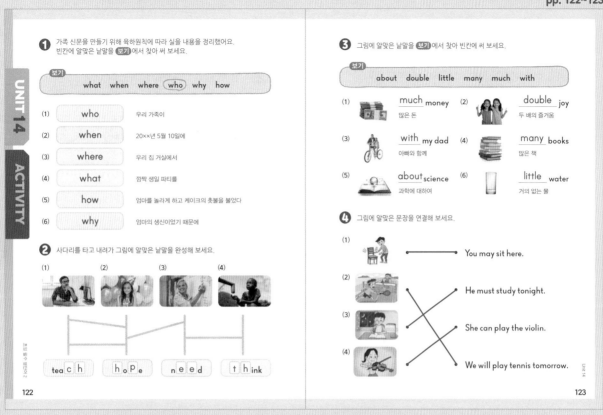

UNIT 14 / ACTIVITY

① 가족 신문을 만들기 위해 육하원칙에 따라 실은 내용을 정리했어요.
빈칸에 알맞은 낱말을 **보기** 에서 찾아 써 보세요.

보기
what   when   where   (who)   why   how

(1) who — 우리 가족이
(2) when — 20××년 5월 10일에
(3) where — 우리 집 거실에서
(4) what — 깜짝 생일 파티를
(5) how — 엄마를 놀라게 하고 케이크의 촛불을 불었다
(6) why — 엄마의 생신이었기 때문에

② 사다리를 타고 내려가 그림에 알맞은 낱말을 완성해 보세요.

(1)   (2)   (3)   (4)

tea **c h**   ho **p** e   n **e** e d   **t h** ink

122

③ 그림에 알맞은 낱말을 **보기** 에서 찾아 빈칸에 써 보세요.

보기
about   double   little   many   much   with

(1) **much** money — 많은 돈
(2) **double** joy — 두 배의 즐거움
(3) **with** my dad — 아빠와 함께
(4) **many** books — 많은 책
(5) **about** science — 과학에 대하여
(6) **little** water — 거의 없는 물

④ 그림에 알맞은 문장을 연결해 보세요.

(1) — You may sit here.
(2) — He must study tonight.
(3) — She can play the violin.
(4) — We will play tennis tomorrow.

123

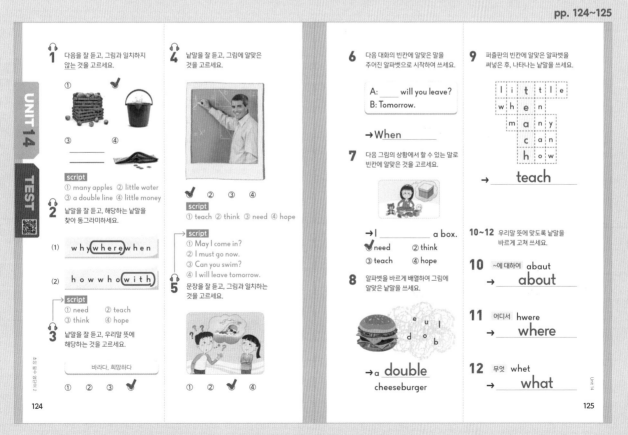

UNIT 14 / TEST

1 다음을 잘 듣고, 그림과 일치하지 않는 것을 고르세요.

① ② ③ ④

script
① many apples ② little water
③ a double line ④ little money

2 낱말을 잘 듣고, 해당하는 낱말을 찾아 동그라미하세요.

(1) why **where** when
(2) how who **with**

script
① need ② teach
③ think ④ hope

3 낱말을 잘 듣고, 우리말 뜻에 해당하는 것을 고르세요.

바라다, 희망하다

① ② ③ ④

4 낱말을 잘 듣고, 그림에 알맞은 것을 고르세요.

① ② ③ ④

script
① teach ② think ③ need ④ hope

script
① May I come in?
② I must go now.
③ Can you swim?
④ I will leave tomorrow.

5 문장을 잘 듣고, 그림과 일치하는 것을 고르세요.

① ② ③ ④

124

6 다음 대화의 빈칸에 알맞은 말을 주어진 알파벳으로 시작하여 쓰세요.

A: _____ will you leave?
B: Tomorrow.

→ When

7 다음 그림의 상황에서 할 수 있는 말로 빈칸에 알맞은 것을 고르세요.

→ I _____ a box.
① need ② think
③ teach ④ hope

8 알파벳을 바르게 배열하여 그림에 알맞은 낱말을 쓰세요.

→ a **double**
cheeseburger

9 퍼즐판의 빈칸에 알맞은 알파벳을 써넣은 후, 나타나는 낱말을 쓰세요.

l	i	t	t	l	e
w	h	e	n		
	m	a	n	y	
	c	a	n		
	h	o	w		

→ **teach**

10~12 우리말 뜻에 맞도록 낱말을 바르게 고쳐 쓰세요.

10 ~에 대하여 abaut
→ **about**

11 어디서 hwere
→ **where**

12 무엇 whet
→ **what**

125

55

2 빈칸에 알맞은 낱말을 보기에서 찾아 써 보세요.

보기   on   under   over   around

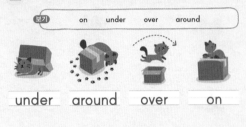

under   around   over   on

3 우리말과 같은 뜻이 되도록 보기에서 알맞은 낱말을 찾아 써 보세요.

보기   and   but   or   so

(1) Her song is old __but__ good.
그녀의 노래는 오래되었지만 좋다.

(2) I like hamburgers __and__ pizza.
나는 햄버거와 피자를 좋아한다.

(3) Do you want tea __or__ coffee?
너는 차를 마실래, 커피를 마실래?

(4) I'm tired, __so__ I can't walk fast.
나는 피곤해서 빠르게 걸을 수가 없다.

127

2 빈칸에 알맞은 낱말을 보기에서 찾아 써 보세요.

보기   time   hour   minute   noon

noon   hour   minute   time

3 우리말과 같은 뜻이 되도록 보기에서 알맞은 낱말을 찾아 써 보세요.

보기   before   after   just   also   well

(1) He sings __well__.
그는 노래를 잘 부른다.

(2) We are __just__ friends.
우리는 그냥 친구 사이야.

(3) I watch TV __after__ dinner.
나는 저녁 식사 후 TV를 본다.

(4) Wash your hands __before__ lunch.
점심 식사 전에 손을 씻어라.

(5) I like candy. I __also__ like chocolate.
나는 사탕을 좋아한다. 나는 또한 초콜릿도 좋아한다.

129

UNIT 15 | ACTIVITY

1 그림에 알맞은 낱말을 보기에서 찾아 빈칸에 써 보세요.

보기   on   under   over   around

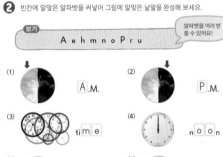

(1) __over__ the box   (2) __under__ the box   (3) __on__ the box   (4) __around__ the box

2 빈칸에 알맞은 알파벳을 써넣어 그림에 알맞은 낱말을 완성해 보세요.

보기   A e h m n o P r u
알파벳을 여러 번 쓸 수 있어요!

(1) A.M.   (2) P.M.
(3) ti m e   (4) n o o n
(5) h o u r   (6) mi n u te

130

3 우리말과 같은 뜻이 되도록 주어진 알파벳으로 시작하는 낱말을 써 보세요.

(1) I just _____ called.   그냥 전화해 봤어요.

(2) I know him well _____.   나는 그를 잘 알아.

(3) She is very _____ beautiful.   그녀는 매우 아름다워.

(4) Do it before _____ you forget.   너는 잊기 전에 그것을 해라.

(5) He is a teacher. His father is also _____ a teacher.
그는 선생님이셔. 그의 아버지 또한 선생님이셔.

4 선으로 연결하여 그림에 알맞은 문장을 완성해 보세요.

(1) I will drink milk — but I don't like bananas.
(2) I like apples — or juice.
(3) I like apples — so I will go to bed early.
(4) I'm very tired, — and bananas.

131

56

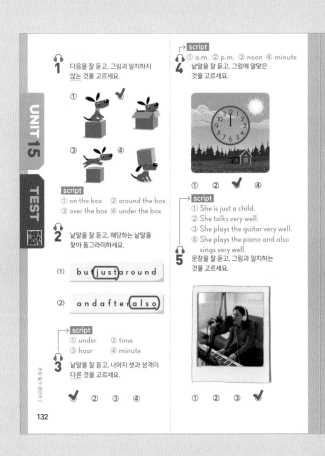

UNIT 15 TEST

1 다음을 잘 듣고, 그림과 일치하지 않는 것을 고르세요.

① ✔ ② ③ ④

script
① on the box ② around the box
③ over the box ④ under the box

2 낱말을 잘 듣고, 해당하는 낱말을 찾아 동그라미하세요.

(1) bu **just** around
(2) and after **also**

script
① under ② time
③ hour ④ minute

3 낱말을 잘 듣고, 나머지 셋과 성격이 다른 것을 고르세요.

✔ ② ③ ④

4 낱말을 잘 듣고, 그림에 알맞은 것을 고르세요.

① ② ✔ ④

script
① a.m. ② p.m. ③ noon ④ minute

5 문장을 잘 듣고, 그림과 일치하는 것을 고르세요.

script
① She is just a child.
② She talks very well.
③ She plays the guitar very well.
④ She plays the piano and also sings very well.

① ② ③ ✔

132

6 그림에 알맞은 낱말을 주어진 알파벳으로 시작하여 쓰세요.

→ sit a**round** the table

7 그림을 보고 빈칸에 알맞은 낱말을 고르세요.

→ There were no buses, _____ we walked.

① and ② but ✔ so ④ or

8 우리말 뜻에 맞도록 빈칸에 알맞은 낱말을 고르세요.

나는 피곤하지만 행복해.
→ I'm tired ____ happy.

✔ but ② and ③ or ④ so

9 퍼즐판의 빈칸에 알맞은 알파벳을 써넣은 후, 나타나는 낱말을 쓰세요.

a	l	s	o
b	e	f	o	r	e
		t	i	m	e
o	v	e	r
v	e	r	y

→ **after**

10~11 우리말 뜻에 맞도록 낱말을 바르게 고쳐 쓰세요.

10 분 minite
→ **minute**

11 1시간 haur
→ **hour**

12 그저, 단지 jest
→ **just**

Unit 15

133

EXPRESSIONS UNIT 11~15

주어진 문장을 따라 쓰고, 배운 낱말을 활용하여 문장을 완성해 보세요.

• 지나간 일 묻고 답하기

What did you do yesterday?
어제 뭐 했니?

• I + 동사의 과거형(-ed) + ~. : 나는 ~했어.

I helped my mom.
나는 엄마를 도와 드렸어.

What did you do **yesterday**?
어제 뭐 했니?

I **played badminton**
나는 배드민턴을 쳤어.

• 요일 묻고 답하기

What day is it today?
오늘은 무슨 요일이에요?

It's Friday.
오늘은 금요일이야.

• It's + 요일. : 오늘은 ~요일이야.

What day is it **today**?
오늘은 무슨 요일이에요?

It's **Wednesday**
오늘은 수요일이야.

134

• 가격 묻고 답하기

How much is it?
그거 얼마예요?

It's twenty dollars.
그것은 20달러입니다.

• dollar : 달러(미국 화폐 단위)

How much is it?
그거 얼마예요?

It's **ten dollars**
그것은 10달러입니다.

• 시간 묻고 답하기

What time is it?
몇 시니?

It's eleven o'clock.
지금은 11시야.

• It's + 숫자 + o'clock. : 지금은 ~시 정각이야.

What time is it?
몇 시니?

It's **two o'clock**
지금은 2시야.

• 반복 요청하기

Jiho is handsome and also dresses well.
지호는 잘생기고 또한 옷을 잘 입어.

What?
뭐라고요?

• What? = Sorry? = Pardon? : 다시 한번 이야기해 주시겠어요?

He is **handsome and also dresses well**
그는 잘생기고 또한 옷을 잘 입어.

Unit 11~15

135

초등 잉글리쉬

초잉

필수 영단어

4학년 과정

WORKBOOK

정답

A 그림에 알맞은 낱말을 완성한 후, 완성된 낱말을 알맞은 상자에 써 보세요.

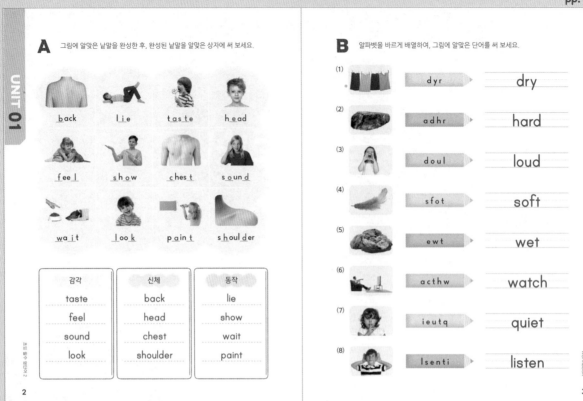

감각	신체	동작
taste	back	lie
feel	head	show
sound	chest	wait
look	shoulder	paint

B 알파벳을 바르게 배열하여, 그림에 알맞은 단어를 써 보세요.

(1) d y r ▶ dry

(2) a d h r ▶ hard

(3) d o u l ▶ loud

(4) s f o t ▶ soft

(5) e w t ▶ wet

(6) a c t h w ▶ watch

(7) i e u t q ▶ quiet

(8) l s e n t i ▶ listen

A 그림에 알맞은 낱말을 찾아 번호를 써넣으세요.

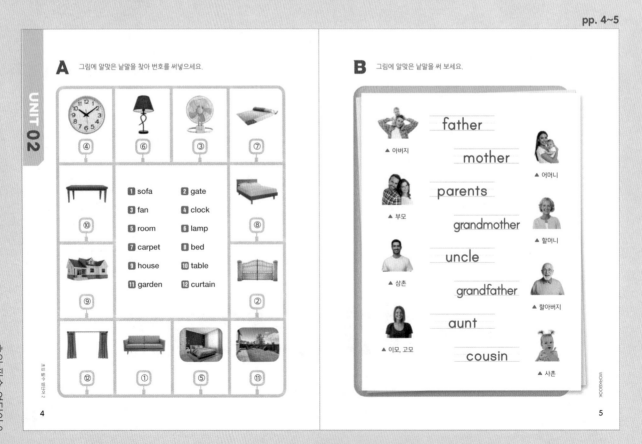

B 그림에 알맞은 낱말을 써 보세요.

father ▲ 아버지

mother ▲ 어머니

parents ▲ 부모

grandmother ▲ 할머니

uncle ▲ 삼촌

grandfather ▲ 할아버지

aunt ▲ 이모, 고모

cousin ▲ 사촌

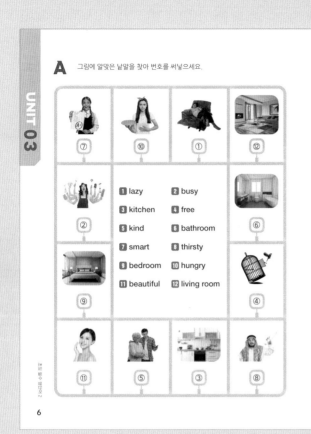

UNIT 05

A 그림에 알맞은 낱말을 찾아 번호를 써넣으세요.

1 ask 2 ice
3 chair 4 know
5 class 6 tea
7 desk 8 write
9 soda 10 learn
11 blackboard 12 lemonade

B 알파벳을 바르게 배열하여, 그림에 알맞은 단어를 써 보세요.

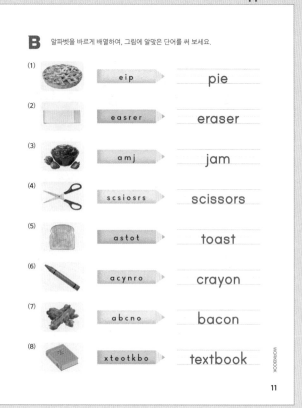

(1) e i p ▶ pie
(2) e a s r e r ▶ eraser
(3) a m j ▶ jam
(4) s c s i o s r s ▶ scissors
(5) a s t o t ▶ toast
(6) a c y n r o ▶ crayon
(7) a b c n o ▶ bacon
(8) x t e o t k b o ▶ textbook

10

11

UNIT 06

A 그림에 알맞은 낱말을 완성한 후, 완성된 낱말을 알맞은 상자에 써 보세요.

p i n k t r e e m a t h g o l d
E n g l i s h f l o w e r b r o w n h i s t o r y
b e n c h g r a y s c i e n c e b i c y c l e

과목	공원	색, 색깔
math	tree	pink
English	flower	gold
history	bench	brown
science	bicycle	gray

B 그림에 알맞은 낱말을 써 보세요.

club
▲ 동아리

easy
▲ 쉬운

member
▲ 구성원, 회원

answer
▲ 답, 대답

group
▲ 무리, 그룹

difficult
▲ 어려운

join
▲ 함께 하다, 가입하다

problem
▲ 문제

12

13

62

A 그림에 알맞은 낱말을 찾아 번호를 써넣으세요.

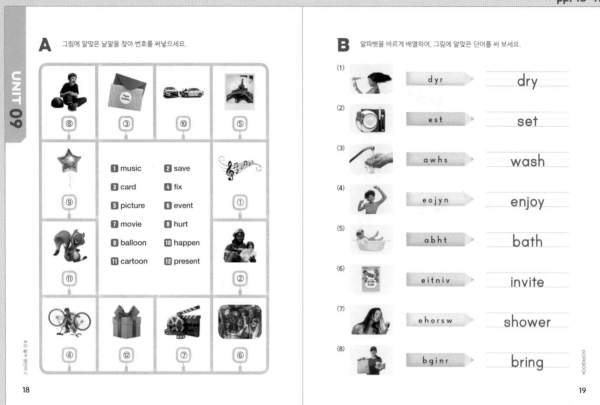

UNIT 09

⑧	③	⑩	⑤
⑨	**1** music **2** save **3** card **4** fix **5** picture **6** event **7** movie **8** hurt **9** balloon **10** happen **11** cartoon **12** present		①
⑪			②
④	⑫	⑦	⑥

18

B 알파벳을 바르게 배열하여, 그림에 알맞은 단어를 써 보세요.

(1) d y r ▸ dry

(2) e s t ▸ set

(3) a w h s ▸ wash

(4) e o j y n ▸ enjoy

(5) a b h t ▸ bath

(6) e i t n i v ▸ invite

(7) e h o r s w ▸ shower

(8) b g i n r ▸ bring

19

A 그림에 알맞은 낱말을 완성한 후, 완성된 낱말을 알맞은 상자에 써 보세요.

UNIT 10

g o l f   c a t c h   t r i p   k i c k

m a p   f o o t b a l l   h i t   a d v e n t u r e

b a d m i n t o n   p a s s   t e n t   m a r a t h o n

동작	운동	여행, 모험
catch	golf	trip
kick	football	map
hit	badminton	adventure
pass	marathon	tent

20

B 그림에 알맞은 낱말을 써 보세요.

camera
▲ 카메라

tell
▲ 말하다

album
▲ 사진첩, 앨범

fall
▲ 떨어지다

camp
▲ 캠프, 야영지

give
▲ 주다

picnic
▲ 소풍

build
▲ 짓다, 세우다

21

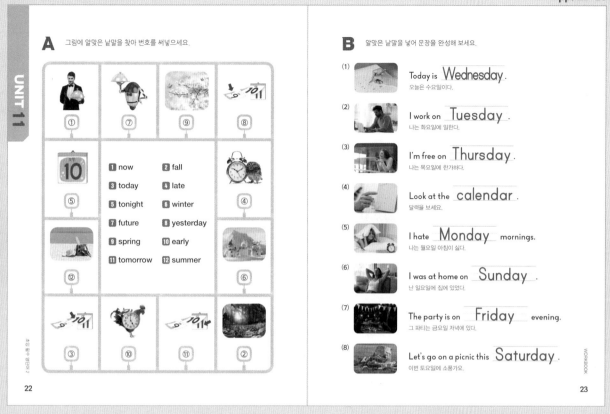

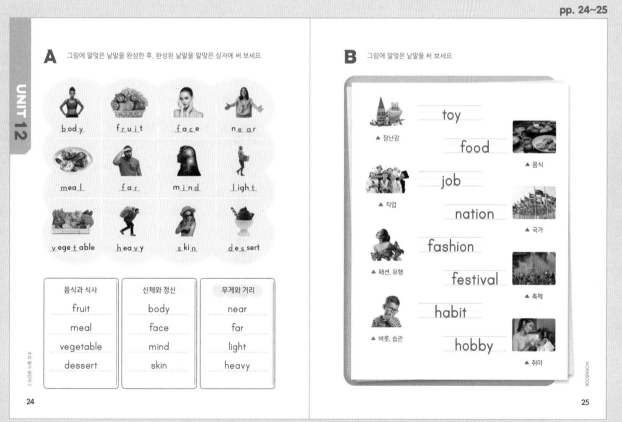

UNIT 13

A 그림에 알맞은 낱말을 완성한 후, 완성된 낱말을 알맞은 상자에 써 보세요.

fill　coin　king　miss

prince　mix　rich　queen

money　princess　hunt　poor

왕실	동작	돈, 재정
king	fill	coin
prince	miss	rich
queen	mix	money
princess	hunt	poor

26

B 알파벳을 바르게 배열하여, 그림에 알맞은 단어를 써 보세요.

(1) a f s t ▸ fast

(2) d g o ▸ god

(3) a e l n o ▸ alone

(4) e h o r ▸ hero

(5) l o s w ▸ slow

(6) a e g l n ▸ angel

(7) e t g h o e t r ▸ together

(8) m e s t o n r ▸ monster

27

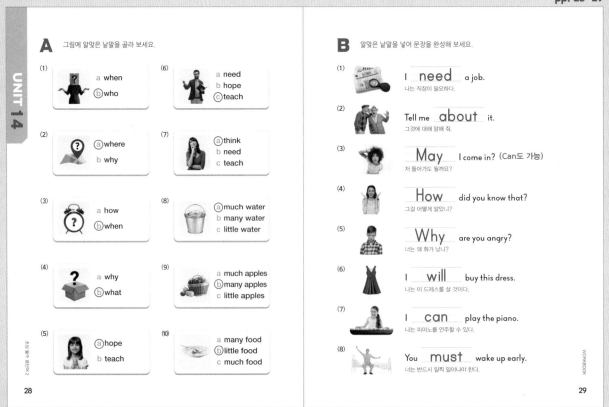

UNIT 14

A 그림에 알맞은 낱말을 골라 보세요.

(1) a when ⓑ who
(2) ⓐ where b why
(3) a how ⓑ when
(4) a why ⓑ what
(5) ⓐ hope b teach
(6) a need b hope ⓒ teach
(7) ⓐ think b need c teach
(8) ⓐ much water b many water c little water
(9) a much apples ⓑ many apples c little apples
(10) a many food ⓑ little food c much food

28

B 알맞은 낱말을 넣어 문장을 완성해 보세요.

(1) I need a job.
나는 직장이 필요하다.

(2) Tell me about it.
그것에 대해 말해 줘.

(3) May I come in? (Can도 가능)
저 들어가도 될까요?

(4) How did you know that?
그걸 어떻게 알았니?

(5) Why are you angry?
너는 왜 화가 났니?

(6) I will buy this dress.
나는 이 드레스를 살 것이다.

(7) I can play the piano.
나는 피아노를 연주할 수 있다.

(8) You must wake up early.
너는 반드시 일찍 일어나야 한다.

29

66

UNIT 15

A 그림에 알맞은 낱말을 찾아 번호를 써넣으세요.

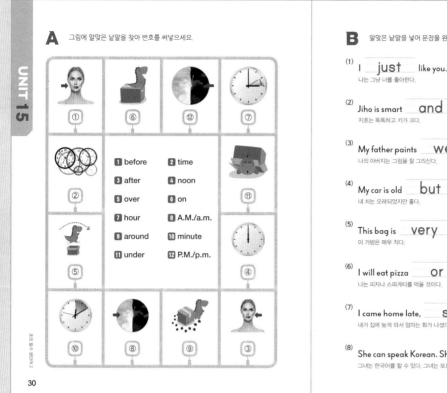

①	⑥	⑫	⑦
②	**1** before　**2** time **3** after　**4** noon **5** over　**6** on **7** hour　**8** A.M./a.m. **9** around　**10** minute **11** under　**12** P.M./p.m.		⑪
⑤			④
⑩	⑧	⑨	③

30

B 알맞은 낱말을 넣어 문장을 완성해 보세요.

(1) I ___just___ like you.
나는 그냥 너를 좋아한다.

(2) Jiho is smart ___and___ tall.
지호는 똑똑하고 키가 크다.

(3) My father paints ___well___ .
나의 아버지는 그림을 잘 그리신다.

(4) My car is old ___but___ nice.
내 차는 오래되었지만 좋다.

(5) This bag is ___very___ small.
이 가방은 매우 작다.

(6) I will eat pizza ___or___ spaghetti.
나는 피자나 스파게티를 먹을 것이다.

(7) I came home late, ___so___ my mom was angry.
내가 집에 늦게 와서 엄마는 화가 나셨다.

(8) She can speak Korean. She ___also___ can speak English.
그녀는 한국어를 할 수 있다. 그녀는 또한 영어를 할 수 있다.

31

UNIT 01

head	머리
chest	가슴
shoulder	어깨
back	등

feel	느끼다
look	보다
sound	~하게 들리다
taste	맛이 ~하다

listen	듣다
watch	보다
hard	단단한
soft	부드러운

dry	마른
wet	젖은
quiet	조용한
loud	시끄러운

lie	눕다
paint	(물감으로) ~을 그리다
show	보여주다
wait	기다리다

UNIT 02

grandfather	할아버지
grandmother	할머니
father	아버지
mother	어머니

parents	부모
uncle	삼촌
aunt	이모, 고모
cousin	사촌

bed	침대
lamp	등, 램프
curtain	커튼
fan	선풍기

clock	시계
sofa	소파
table	탁자
carpet	카펫

house	집
room	방
gate	대문
garden	정원

UNIT 03

bedroom	침실
bathroom	욕실
kitchen	부엌, 주방
living room	거실

door	문
window	창문
wall	벽
floor	바닥

crazy	미친, 열광하는
famous	유명한
fat	뚱뚱한, 살찐
thin	마른

busy	바쁜
free	자유로운
hungry	배고픈
thirsty	목마른

beautiful	아름다운
kind	친절한
lazy	게으른
smart	똑똑한

UNIT 04

chopsticks	젓가락
bottle	병
dish	접시
glass	유리잔

breakfast	아침 식사
lunch	점심 식사
dinner	저녁 식사
snack	간식

beef	소고기
cheese	치즈
salad	샐러드
sausage	소시지

cereal	시리얼
noodle	국수
meat	고기
rice	쌀, 밥

honey	꿀
salt	소금
sugar	설탕
oil	기름

UNIT 05

ice	얼음
lemonade	레모네이드
soda	탄산음료
tea	홍차, 차

bacon	베이컨
jam	잼
pie	파이
toast	토스트

class	수업, 학급
blackboard	칠판
desk	책상
chair	의자

ask	묻다
learn	배우다
know	알다
write	쓰다

crayon	크레용
eraser	지우개
scissors	가위
textbook	교과서

UNIT 06

easy	쉬운
difficult	어려운
problem	문제
answer	답, 대답

club	동아리
group	무리, 그룹
member	구성원, 회원
join	함께 하다, 가입하다

English	영어
history	역사
math	수학
science	과학

brown	갈색
gray	회색
pink	분홍색
gold	금, 금색

bench	벤치
bicycle	자전거
flower	꽃
tree	나무

UNIT 07

farm	농장
hospital	병원
library	도서관
museum	박물관

bridge	다리
road	도로, 길
tower	탑
town	마을, 동네

left	왼쪽(으로)
right	오른쪽(으로)
straight	똑바로
cross	건너다

artist	화가, 예술가
firefighter	소방관
pilot	조종사
police officer	경찰관

ant	개미
bee	벌
bug	벌레, 작은 곤충
spider	거미

UNIT 08

frog	개구리
mouse	생쥐
puppy	강아지
turtle	거북이

sky	하늘
cloud	구름
rainbow	무지개
air	공기

sea	바다
sand	모래
stone	돌
island	섬

dress	드레스
jacket	재킷
shirt	셔츠
sweater	스웨터

bubble	거품
towel	수건
soap	비누
shampoo	샴푸

UNIT 09

fix	고치다
happen	발생하다
hurt	다치게 하다, 아프다
save	구하다

balloon	풍선
card	카드
present	선물
event	행사

movie	영화
music	음악
picture	사진, 그림
cartoon	만화

invite	초대하다
bring	가져오다
set	차리다
enjoy	즐기다

bath	목욕시키다, 욕조
shower	샤워
wash	씻다
dry	말리다

UNIT 10

give	주다
tell	말하다
build	짓다, 세우다
fall	떨어지다

badminton	배드민턴
football	축구, 미식축구
golf	골프
marathon	마라톤

catch	잡다
hit	때리다, 치다
kick	차다
pass	건네주다, 지나가다

picnic	소풍
camp	캠프, 야영지
tent	텐트
adventure	모험

trip	여행
map	지도
camera	카메라
album	사진첩, 앨범

UNIT 11

yesterday	어제
today	오늘
tonight	오늘밤
tomorrow	내일

spring	봄
summer	여름
fall	가을
winter	겨울

calendar	달력
Monday	월요일
Tuesday	화요일
Wednesday	수요일

Thursday	목요일
Friday	금요일
Saturday	토요일
Sunday	일요일

early	일찍
late	늦게
now	지금
future	미래

UNIT 12

fruit	과일
vegetable	채소
meal	식사
dessert	디저트, 후식

food	음식
hobby	취미
festival	축제
nation	국가

body	몸
mind	마음, 정신
face	얼굴
skin	피부

fashion	패션, 유행
habit	버릇, 습관
job	직업
toy	장난감

heavy	무거운
light	가벼운
far	먼, 멀리
near	가까운, 가까이

UNIT 13

money	돈
coin	동전
poor	가난한
rich	부자인, 부유한

angel	천사
god	신
hero	영웅
monster	괴물

king	왕
queen	여왕
prince	왕자
princess	공주

fast	빠른
slow	느린
alone	혼자
together	함께

fill	채우다
hunt	사냥하다, 사냥
miss	놓치다
mix	섞다, 혼합하다

UNIT 14

need	~이 필요하다
hope	바라다, 희망하다
teach	가르치다
think	생각하다

many	(수가) 많은
much	(양이) 많은
little	거의 없는
double	두 배의

can	~할 수 있다
may	~해도 좋다
must	~해야 한다
will	~할 것이다

what	무엇
who	누구
when	언제
where	어디서

how	어떻게
why	왜
with	~와 함께
about	~에 대하여

UNIT 15

on	~ 위에, 표면에
under	~ 아래에
over	~ 위로
around	~ 주위에

and	~와, 그리고
but	그러나
or	또는
so	그래서

time	시간
hour	1시간
minute	분
noon	정오, 낮 12시

before	~ 전에
after	~ 후에
A.M./a.m.	오전
P.M./p.m.	오후

just	그저, 단지
also	또한
very	매우, 정말
well	잘, 좋게

궁금한 게 많은 초등학생을 위한
또래퀴즈 백과 시리즈

 ## 지식 퀴즈 백과

호기심 퀴즈 | 과학 퀴즈 | 세계 퀴즈 | 인물 퀴즈
상식 퀴즈 | 사회·문화 퀴즈 | 한국사 퀴즈 | 신기한 퀴즈

다음 시리즈도
기대해 주세요!

정가 10,000원/권

 ## 국어 퀴즈 백과

속담 1·2 | 수수께끼 | 사자성어
관용구 1·2 | 헷갈리는 말 | 맞춤법

이젠교육 EZEN EDUCATION